923. 4714 R 185 T

Me JEAN-PIERRE RANCOURT
Les CONFESSIONS d'un CRIMINALISTE

Du même auteur

Claude Poirier – 10-4, Éditions Stanké, 2013.
Confidences d'un agent double – En mission à 14 ans, Éditions
  Publistar, 2009.
Claude Poirier – Sur la corde raide, Éditions Stanké, 2007.

BERNARD TÉTRAULT

Me JEAN-PIERRE RANCOURT
Les CONFESSIONS d'un CRIMINALISTE

Stanké
Une société de Québecor Média

Catalogage avant publication de Bibliothèque et Archives nationales du Québec et Bibliothèque et Archives Canada

Tétrault, Bernard
    Me Jean-Pierre Rancourt : les confessions d'un criminaliste
    ISBN 978-2-7604-1156-2
    1. Rancourt, Jean-Pierre. 2. Avocats - Québec (Province) - Biographies. I. Titre. II. Titre : Maître Jean-Pierre Rancourt. III. Titre : Confessions d'un criminaliste.

KE416.R36T47 2015   340.092   C2015-940217-4

Édition : André Bastien
Direction littéraire : Nadine Lauzon
Révision et correction : Isabelle Taleyssat, Isabelle Lalonde
Couverture et mise en pages : Axel Pérez de León
Photo de la couverture : Marie-Claude Lapointe
Photo de l'auteur : Sarah Scott
Photos intérieures : collection personnelle de Me Rancourt

Remerciements
Nous reconnaissons l'aide financière du gouvernement du Canada par l'entremise du Fonds du livre du Canada pour nos activités d'édition.
Nous remercions le Conseil des Arts du Canada et la Société de développement des entreprises culturelles du Québec (SODEC) du soutien accordé à notre programme de publication.
Gouvernement du Québec – Programme de crédit d'impôt pour l'édition de livres – gestion SODEC.

Les Éditions internationales Alain Stanké
Groupe Librex inc.
Une société de Québecor Média
La Tourelle
1055, boul. René-Lévesque Est
Bureau 300
Montréal (Québec) H2L 4S5
Tél. : 514 849-5259
Téléc. : 514 849-1388
www.edstanke.com

Dépôt légal – Bibliothèque et Archives nationales du Québec et Bibliothèque et Archives Canada, 2015

ISBN : 978-2-7604-1156-2

Distribution au Canada
Messageries ADP inc.
2315, rue de la Province
Longueuil (Québec) J4G 1G4
Tél. : 450 640-1234
Sans frais : 1 800 771-3022
www.messageries-adp.com

Diffusion hors Canada
Interforum
Immeuble Paryseine
3, allée de la Seine
F-94854 Ivry-sur-Seine Cedex
Tél. : 33 (0)1 49 59 10 10
www.interforum.fr

Sommaire

Mot de l'auteur

Avocat criminaliste. Un métier dur et controversé. Une profession souvent montrée du doigt et sur laquelle plusieurs civilistes, pourtant confrères du Barreau, lèvent le nez. Si, pour le commun des mortels, défendre des criminels avec acharnement semble choquant, pour ceux qui font face à la justice, le criminaliste est la voie de la rédemption, la planche de salut.

Par sa spécialité, l'avocat criminaliste représente son client à tous les niveaux du processus judiciaire lorsqu'il est poursuivi par le Directeur des poursuites criminelles et pénales (DPCP) pour intimidation, menace, vol, fraude, enlèvement, viol ou assassinat.

L'avocat criminaliste mettra en place toutes les stratégies nécessaires pour convaincre le DPCP de réduire, ou même de laisser tomber, les accusations portées contre son client. Il tentera de lui obtenir une remise en liberté dans l'attente des procédures à venir ou scrutera à la loupe la preuve accablant son client pour y repérer les moyens de le défendre en vertu du Code criminel et de la Charte canadienne des droits et libertés. C'est également lui qui utilisera tous les moyens de défense admissibles pour le faire disculper lors de sa comparution, de son enquête préliminaire, de son procès et, dans certains cas, lors d'appel devant les tribunaux supérieurs après une condamnation.

Le système de justice pénale du Canada prévoit, d'une part, que tout accusé est présumé innocent jusqu'à preuve du contraire et, d'autre part, que tout citoyen a droit à une défense pleine et entière. C'est là qu'intervient l'avocat en droit criminel.

Me Jean-Pierre Rancourt, un des criminalistes les plus médiatisés de l'heure, est un avocat populiste. En quarante ans de pratique, il a plaidé dans d'innombrables procès qui ont fait la manchette et il est parfaitement au fait des polémiques que suscitent régulièrement ceux qui défendent les individus mis au ban de la société.

Ce plaideur coriace a défendu des meurtriers, des trafiquants de drogue et des motards membres des Hells Angels. Il représente régulièrement des Inuits du Grand Nord canadien et, depuis plusieurs années, il est le défenseur de camionneurs québécois aux prises avec la justice américaine. Il a défendu des personnes non coupables des crimes qu'on leur reprochait et plusieurs autres coupables mais non responsables au sens de la loi. Il a notamment réussi, dans son impressionnant palmarès, à faire acquitter un père de famille qui s'était pourtant substitué à la justice en se vengeant violemment d'un chauffeur de transport scolaire qui avait agressé sexuellement son fils, une cause qui avait soulevé les passions à Saint-Jean-sur-Richelieu.

Bien connu des médias, on l'entend régulièrement à la télévision et sur les ondes des radios québécoises. Mais, on ne le connaît pas vraiment. C'est souvent le cas pour les criminalistes, d'ailleurs, car ils ne parlent que rarement de leur travail, de leurs méthodes de défense et des relations qu'ils entretiennent, forcément, avec les milieux criminels. Dans ce livre, Me Rancourt vous amènera, pour la première fois, dans le monde mystérieux des avocats criminalistes. Avec lui, vous partagerez plusieurs de ses aventures judiciaires, participerez à ses rencontres avec des clients pas toujours commodes, à la préparation de leur défense et aux procès qu'ils subissent. Et, comme lui, vous ressentirez toute la gamme des sentiments qui se vivent quotidiennement dans les cours de justice, de la tristesse à la peur, ou à la joie.

Me Rancourt reviendra sur toutes ses causes marquantes – gagnées ou perdues – en décrivant les états d'âme d'un criminaliste qui passe sa vie à être pointé du doigt parce qu'il représente parfois la lie de la société.

Ce livre est une incursion inédite et étonnante dans le monde d'un criminaliste qui ne se gêne pas pour décrire les coulisses du système judiciaire avec ses travers et ses rigueurs.

Bernard Tétrault

Introduction

Depuis quelques années, je rêve d'écrire mes mémoires. Pour mes héritiers d'abord – mes enfants et mes petits-enfants –, mais aussi pour les personnes qui s'interrogent sur le métier de criminaliste.

Les gens restent accrochés à mes récits. Que ce soit des amis, de la famille ou les personnes que je rencontre dans les palais de justice ou dans les restaurants, tous sont fascinés par les descriptions que je donne d'un procès, d'une cause ou d'une plaidoirie. Ils écoutent religieusement mes propos et, abasourdis, ils n'en reviennent pas de découvrir les dessous de l'appareil judiciaire et les nombreux rebondissements, rarement racontés dans les médias, qui surviennent immanquablement ; qu'il s'agisse d'une simple comparution de quelques minutes devant un tribunal ou d'un captivant procès de plusieurs jours devant douze jurés.

Tous sont intrigués par le travail du criminaliste. Ils ne connaissent de cette profession, la plupart du temps, que l'artifice auquel recourent le cinéma et la littérature policière. D'ailleurs, l'avocat et romancier américain populaire John Grisham mérite d'être lu pour l'exacte description qu'il fait de notre métier, même s'il s'agit de fiction. Ce qu'il écrit est proche de la réalité, mais encore trop éloigné des vraies histoires.

Moi, j'ai des histoires uniques à raconter. Des histoires… on ne peut plus vraies. Certaines des causes que j'ai défendues devant jurés se sont terminées de façon dramatique. Et je suis convaincu que leur description détaillée va captiver le lecteur. En toute honnêteté, j'expliquerai comment je suis arrivé à gagner les unes et à en perdre d'autres. Bien sûr, je ne dévoilerai pas de secrets professionnels, mais plusieurs de mes clients et acteurs de ces drames n'étant plus de ce monde, cela me donne plus de latitude pour m'exprimer. Dans ce livre, je raconterai donc, sans fard, ce que j'ai vécu et ressenti. Je décrirai la vie passionnante d'un avocat qui en a vu de toutes les couleurs.

* * *

Pour gagner ses causes, un criminaliste doit avoir un ego fort, parfois même démesuré. Lorsqu'il met les pieds devant un tribunal, il doit être convaincu qu'il est le meilleur. Ainsi, il n'éprouve aucune gêne pour débattre, contre-interroger ou plaider avec ardeur. Il va faire tout ce qui est légalement nécessaire pour arriver à ses fins.

Un procès devant jurés exige d'établir des stratégies. Je me suis objecté à maintes reprises dans des procès où je savais que je ne pouvais pas le faire. Et, à certains moments, je ne me suis pas opposé alors que je me devais de le faire. Simplement parce que, même si j'avais gagné cette intervention, cela n'aurait pas été bien vu par les jurés. À d'autres occasions, je soulevais une objection parce que je savais que le juge me rabrouerait, mais que mon intervention me rendrait sympathique aux membres du jury.

Devant des jurés, tout est important : notre habillement, notre posture quand on est assis, notre allure quand on est debout, nos gestes en parlant ou notre démarche en discourant. Tout compte. On est en scène. On apprend tout cela au fur et à mesure qu'on avance dans notre carrière. D'ailleurs, les cours de théâtre que j'ai suivis au collège de Valleyfield m'ont beaucoup aidé, même si d'aucuns riaient de moi parce que, au vu et su de tous, j'étais un sportif qui n'avait qu'un but dans la vie : devenir hockeyeur professionnel.

Prologue

À la défense de mon idole

J'ai toujours eu une passion pour le hockey. À soixante-cinq ans, je rêve encore de jouer pour les Canadiens de Montréal… Cependant, je n'ai jamais rêvé de défendre devant les tribunaux mon idole de tous les temps : le démon blond, Guy Lafleur. Ni de devenir son ami.

Ironie du sort, on allait se rencontrer grâce au hockey. Pas celui de la Ligue nationale, au sein de laquelle Guy évoluait avec panache à cette époque, mais par l'intermédiaire des Castors de Sherbrooke de la Ligue de hockey junior majeur du Québec, qui évoluaient au palais des sports. Leur instructeur était Ghislain Delage et leur directeur général, Georges Guilbault, un ex-joueur des Blues de Saint-Louis.

Au printemps 1982, les Castors affrontaient en finale de la Coupe du Président les Draveurs de Trois-Rivières. L'aréna était bondé tous les soirs et la fébrilité était palpable. Les Castors avaient toutes les chances de ravir la coupe. Ce qui arriva.

Dans l'euphorie de ces rencontres, plusieurs spectateurs s'étaient plaints à la direction des Castors du zèle que manifestaient les policiers locaux, les soirs de matchs, en distribuant généreusement nombre de contraventions pour stationnement illégal aux alentours du palais des sports.

Un soir, le directeur général des Castors, Georges Guilbault, outré de cette situation, prit le micro avant l'affrontement sur la glace :

— L'équipe des Castors de Sherbrooke vous remercie de vos encouragements. Cependant, si par excès de zèle des policiers vous dressent une contravention imméritée autour de l'aréna, amenez-nous vos constats et nous nous ferons un plaisir de les payer !

L'événement disgracieux qui suivit ce match démontra que les policiers en devoir à l'aréna ce soir-là s'étaient sentis insultés.

Après la partie, Georges Guilbault retournait chez lui en Corvette avec son épouse, Francine, quand des policiers lui demandèrent, sans raison précise, de s'arrêter. Ils s'approchèrent de la voiture et, même s'ils le connaissaient, un des policiers lui demanda son permis de conduire et son certificat d'immatriculation. Son épouse les questionna poliment :

— Messieurs les agents, pourquoi nous arrêtez-vous ?

— Toi, ferme ta gueule ! lui répondit l'un d'eux.

Choqué, Guilbault sortit de sa voiture et sauta sur le policier impoli. L'échauffourée éclata quand le second policier demanda du renfort et se porta au secours de son confrère. Ils se mirent finalement à six ou sept agents pour maîtriser Guilbault, le menottèrent et l'amenèrent au poste. Pas moins de dix accusations furent portées contre lui : entrave à la justice, voies de fait, résistance à son arrestation, conduite avec les facultés affaiblies, etc.

Je connaissais vaguement Georges Guilbault parce que je jouais au hockey avec lui dans la ligue intermédiaire Sherwood-Drolet, à l'époque. Je l'ai « officiellement » rencontré lors de cet incident. Il m'a demandé de le défendre. J'ai réussi à faire tomber toutes les accusations portées contre lui, sauf une : volontairement, il a plaidé coupable à l'accusation de conduite avec les facultés affaiblies, ce qui représentait une amende de 50 $ à l'époque, et il a promis de rembourser 200 $ à un des policiers dont les lunettes avaient été cassées durant son arrestation. On est vite devenus des *chums* pour la vie ensuite.

* * *

En juin 1983, Guilbault, qui était vice-président et directeur marketing de la firme de bâtons de hockey Sher-Wood, m'a appelé :

— Jean-Pierre, Guy Lafleur vient d'être arrêté à Lac-Mégantic. Il est accusé d'avoir tué illégalement un chevreuil. Est-ce une cause qui te tente ?

— Quelle question, si ça me tente !

Lafleur, affligé d'une blessure au pied droit qui l'empêchait de chausser les patins, avait participé le 27 novembre 1982, en compagnie de Georges Guilbault et de son patron Léopold Drolet, fondateur de la firme Sher-Wood, à une excursion de chasse sur la réserve privée de Réal Bureau à Saint-Évariste-de-Forsyth dans Chaudière-Appalaches. Il avait alors abattu à la carabine un chevreuil de 125 kg, quelques jours après la fermeture de la saison de chasse dans cette région.

Ce n'était un secret pour personne. La photo de sa prise était parue dans le quotidien *La Tribune* de Sherbrooke et la compagnie Sher-Wood avait immortalisé la scène en faisant imprimer 15 000 affiches du populaire chasseur. Tout fier d'avoir abattu son premier chevreuil, Guy avait ramené le panache de l'animal sur sa voiture jusqu'à son domicile, dans la région de Montréal.

La rumeur voulait que l'exploit du fameux numéro 10 se soit déroulé illégalement au Vermont, et les autorités américaines en ont fait part au gouvernement du Québec. Le ministère du Loisir, de la Chasse et de la Pêche du Québec avait fait enquête et avait découvert que la partie de chasse avait eu lieu dans la Beauce. Trois accusations bien précises avaient été portées contre Guy Lafleur : avoir chassé sans permis, avoir chassé en période prohibée et avoir eu en sa possession un gros gibier, tué en période prohibée.

Le procès s'est déroulé le 8 septembre 1983 à l'hôtel de ville de Lac-Mégantic, dans lequel logeait le palais de justice local. Ce jour-là, plusieurs citoyens, journalistes et photographes attendaient fébrilement l'arrivée du célèbre hockeyeur.

Guy n'a déçu personne en se présentant à l'hôtel de ville vers 9 heures, dans une imposante limousine. Afin de préparer son témoignage, il était venu me chercher à mon bureau de Sherbrooke et on avait discuté de la cause en se rendant à Lac-Mégantic. J'étais impressionné. Très impressionné. C'était la première fois que je le rencontrais, et j'étais son avocat. Mon idole était devant moi, je lui donnais des conseils et lui expliquais comment se comporter. Il était sympathique. Je pense qu'il était plus nerveux que moi. Il se demandait comment agir, quoi dire. Je le rassurais : il n'avait qu'à dire la vérité, rien d'autre.

Dès que nous sommes sortis de la limousine, on a demandé à Guy de signer le livre d'or de la municipalité. Je n'étais pas trop d'accord ; pas question d'indisposer le tribunal avant de commencer. Guy a accepté de le faire de bonne foi et nous nous sommes présentés à la Cour juste après.

Le procès devait se dérouler devant le juge Laurent Dubé. La salle était bondée de curieux. Et là, j'ai assisté à une première. Généralement, au palais de justice, tout le monde se lève quand le juge entre dans la salle. Mais cette fois-ci, quand Guy et moi sommes entrés, le juge était déjà sur le banc et c'est lui qui s'est levé pour nous accueillir !

Le ton du procès, qui allait durer toute la journée, était donné. Me Paul Crépeau a fait entendre ses témoins, puis j'ai expliqué que pour être considérée comme illégale, la chasse sportive doit avoir pour victime un animal sauvage. J'ai fait la démonstration que le chevreuil tué par Lafleur n'était pas sauvage. Il faisait partie d'un cheptel d'animaux qui vivaient dans un enclos privé de 188 acres, comprenant plusieurs cerfs de Virginie (chevreuils), orignaux, wapitis et caribous.

— L'animal n'était pas sauvage, Votre Honneur, ai-je conclu, il n'y avait donc pas de chasse. Pas de chasse, pas besoin de permis.

Le juge m'a donné raison.

— La Couronne devait démontrer que le chevreuil en question était un animal sauvage. Ce n'était pas le cas. Cet animal-là est né en captivité. L'animal n'était pas sauvage, l'accusé est acquitté, a-t-il tranché.

Puis, se tournant vers le procureur de la Couronne :

— Maître Crépeau, pensez-vous aller en appel de mon verdict ?

— Je ne sais trop, pour le moment…

— Parce que c'est important, voyez-vous, car si vous m'affirmez que vous n'irez pas en appel, je vais remettre sa carabine à M. Lafleur.

— À bien y penser, Votre Honneur, je n'irai pas en appel.

— Parfait ! Remettez la carabine à M. Lafleur.

Il était environ 16 heures quand Guy et moi sommes sortis de la cour, triomphants, carabine en main.

Accompagnés de Georges Guilbault, nous retournions à la limousine quand l'huissier audiencier nous a interceptés pour nous dire que le juge Dubé voulait me voir dans son bureau.

— Puisque le procès est complètement terminé, me demanda ce dernier, pensez-vous, maître Rancourt, que Guy Lafleur accepterait d'autographier l'affiche mise en preuve, le montrant avec son chevreuil, pour mes deux filles?

— Avec plaisir, Votre Honneur.

Nous avions apporté des affiches. J'en ai pris quelques-unes et Guy les a signées. Nous les avons remises au juge et nous sommes partis. Aussitôt dans la limousine, Guy m'a demandé de m'arrêter au premier dépanneur sur le chemin. Il avait envie d'une bière, et ça pressait. Il avait bien témoigné mais, comme beaucoup de témoins qui en sont à leur première expérience avec les tribunaux, il avait eu un sérieux trou de mémoire au beau milieu de son témoignage :

— J'avais emprunté la carabine de mon beau-frère, avait-il raconté.

— Et quel est le nom de votre beau-frère? avait demandé le procureur de la Couronne.

— C'est... c'est..., je ne m'en souviens plus!

J'ai continué à l'interroger et, une dizaine de minutes plus tard, Guy s'est adressé soudainement au juge :

— Monsieur le juge, je m'en souviens, mon beau-frère se nomme...

Et, soulagé, il lui a donné son identité.

Georges Guilbault et moi l'avons évidemment taquiné avec ce lapsus car, au repas, le midi, Guilbault l'avait averti que c'était stressant de témoigner et Guy nous avait dit qu'il était prêt, qu'il n'y avait «rien là».

À partir de ce procès, je me suis lié d'amitié avec Guy Lafleur et je suis devenu son avocat. Il faut dire que j'étais tellement impressionné de le représenter que j'avais refusé de me faire payer pour l'avoir défendu. Toutefois, mon ami Georges Guilbault avait fait en sorte que la compagnie SherWood me fasse un chèque.

* * *

Rapidement, nous avons réalisé que nous avions des atomes crochus, en commençant par notre amour du hockey. Guy était si simple et si avenant que nous sommes devenus amis tout naturellement.

Nous nous sommes vus régulièrement par la suite ; à maintes reprises, il a participé à des matchs de hockey organisés pour amasser des fonds au profit d'organismes de bienfaisance. Jamais il ne refusait ce genre d'invitation. C'est lors de ces événements que j'ai eu l'ultime bonheur de jouer dans la même équipe que mon idole, parfois sur la même ligne que lui.

Guy Lafleur est vraiment une personne attachante. Lors d'un de ces matchs, dans un aréna rempli au maximum de sa capacité à Rock Forest, nous faisions une montée de jeu ensemble. Je lui ai passé la rondelle devant le filet. Il a lancé et j'ai tenté de la faire ricocher. Je n'ai pas réussi, mais la rondelle a abouti quand même derrière le gardien.

— JP, tu l'as eue, t'as *scoré*! s'est-il écrié.

— Non, je ne l'ai même pas touchée… C'est toi qui as compté.

— Non, non, c'est toi, j'te dis!

Ce n'était pas vrai, mais il voulait qu'on m'accorde le but et que l'annonceur maison déclare : «Le but compté par Jean-Pierre Rancourt, assisté de Guy Lafleur.»

* * *

Nous nous sommes rencontrés aussi, à plusieurs reprises, lors de réunions sociales. J'ai encore bien en vue à la maison une photo de Guy avec ma fille Véronique dans ses bras, alors qu'elle n'a que trois ou quatre ans.

Et je n'oublierai jamais que j'ai chaussé les patins avec lui au Forum de Montréal, dans l'uniforme des Canadiens. Rien de moins. C'était pour le tournage d'une publicité pour la station de télévision CKSH, de Sherbrooke. Je me suis présenté au Forum alors que Guy et le grand club s'entraînaient. En attendant le tournage, on m'avait demandé d'aller enfiler mon équipement dans le vestiaire des visiteurs. On m'avait assigné le chandail numéro 25, qui était alors porté par Doug Wickenheiser.

J'avais trente-quatre ans. Dans ma vie professionnelle, je suis toujours nerveux lorsque je plaide devant un juré, mais là, je tremblais comme une feuille dans le vestiaire. Et quand j'ai posé mes patins sur la glace alors que plusieurs joueurs des Canadiens s'y trouvaient toujours, j'ai ressenti une vive émotion. Nous nous amusions à nous faire des passes, puis nous filmions le message publicitaire. J'étais aux anges.

* * *

Par la suite, Guy a fait appel à mes services à plusieurs reprises pour son fils cadet, Mark, un jeune homme perturbé qui a toujours eu des problèmes de comportement, qui souffrait d'un trouble de déficit de l'attention et d'hyperactivité, et qui était atteint du syndrome de Gilles de la Tourette.

Mark a commencé à avoir des accrochages avec la justice aussitôt qu'il s'est mis à conduire et qu'il a touché à la drogue. Je l'ai représenté dans plusieurs affaires mineures : contraventions, infractions au Code de la route, comportements répréhensibles. Je lui ai aussi obtenu un cautionnement pour qu'il retrouve sa liberté lorsque ont été portées les premières accusations criminelles graves contre lui, telles que voies de fait, agression sexuelle et séquestration. J'ai réussi à obtenir de la cour qu'on l'envoie dans un centre de désintoxication. Malheureusement, il brisait ses conditions de libération et j'ai dû passer la cause à mon associée de l'époque. Moi, je me suis appliqué à défendre son père avec toute mon énergie. Il était alors accusé d'avoir entravé le cours de la justice avec des témoignages contradictoires pour tenter de sauver son fils lors de ses procès.

Cette affaire s'est déroulée à Montréal devant le juge Claude Parent, un homme que je connaissais bien, car nous avions fait notre stage à la Couronne de Montréal à la même période. J'ai fait témoigner Guy, et alors qu'il me racontait sa version des faits, j'ai vu dans les expressions du juge Parent qu'il ne le croyait pas.

J'avais plaidé que la preuve dévoilée au procès ne supportait pas l'accusation. Et j'avais fortement insisté sur le fait que la crédibilité de mon client ne pouvait pas être mise en doute puisque tous nous connaissions son intégrité. Dans sa décision, le juge n'a jamais considéré ma première objection. Il ne croyait pas Lafleur. Il l'a jugé coupable et l'a condamné à 10 000 $ d'amende.

Nous avons interjeté appel. Nous avons engagé une firme spécialisée en la matière, et la Cour d'appel nous a donné raison. Les juges en ont déduit que le juge de première instance avait erré en droit, qu'il aurait dû renvoyer cette cause, car la preuve ne supportait effectivement pas le libellé de l'accusation. Bref, il aurait dû acquitter Lafleur.

En toute logique, la Cour d'appel aurait dû ordonner un nouveau procès, rien de moins. Mais les juges ont été plus loin. Ils ont rendu un jugement extraordinaire et unique en affirmant que la crédibilité de Guy Lafleur n'aurait jamais dû être attaquée par le juge Parent. Je n'avais jamais vu cela, la Cour d'appel qui commente sur la crédibilité d'un témoin. Normalement, ils auraient dit qu'ils n'avaient pas entendu le témoignage, que le juge de première instance était le mieux placé pour en juger. Or, ils ont affirmé que la crédibilité de Guy Lafleur avait été bafouée par le juge Claude Parent et ils l'ont acquitté purement et simplement.

Cette décision a fait grand bruit. On se rappellera que le procureur général avait agi très cavalièrement envers Guy Lafleur dans cette affaire. Plutôt que de lui envoyer une sommation pour comparaître, on avait lancé un mandat d'arrestation comme s'il était un dangereux criminel. Nous nous sommes présentés au poste de police et c'est là qu'il a été mis en état d'arrestation. Je les ai avisés que M. Lafleur n'avait «aucune déclaration à faire». On a prétexté souhaiter le voir sans moi pour enregistrer ses coordonnées et on en a évidemment profité, à trois occasions, pour l'inciter à faire une déclaration. On lui a dit que c'était dans son intérêt de le faire. Guy s'en est tenu à notre entente et il a refusé.

Le grand public, par ailleurs, appuyait manifestement Lafleur, considérant qu'on ne pouvait blâmer un père qui tentait d'aider son fils à se sortir des griffes de la justice et aux prises avec des démons intérieurs explicables par une maladie chronique. On ne pouvait qu'éprouver de la compassion. Ce que la justice n'avait pas fait dans son cas.

Je suis très fier de pouvoir, encore aujourd'hui, agir comme ami et comme conseiller du fameux numéro 10. J'ai toujours une relation privilégiée avec Guy Lafleur et avec son épouse, Lise. Nous nous parlons régulièrement, et Guy n'a jamais terni l'image de l'idole qu'il a toujours été pour moi. En 2013, je l'ai invité à un tournoi de golf dans le but d'amasser des fonds pour l'hôpital de Memphrémagog. Il est arrivé en hélicoptère et, avec son amabilité légendaire, il a passé la journée à signer des autographes et à se faire prendre en photo, entouré de personnes qu'il

considère toujours comme les plus importantes de sa vie,
après sa famille : ses fans.

Je ne m'étais pas trompé, mon idole n'est pas un héros
aux pieds d'argile.

Chapitre 1

Je rêvais d'une carrière au… hockey

Si on m'avait dit, durant mon enfance et mon adolescence, qu'un jour je deviendrais avocat criminaliste et que j'aiderais à la défense de mon idole, Guy Lafleur, je ne l'aurais pas cru. Je n'ai jamais eu de plan de carrière avant d'arriver à l'université et, même là, je ne savais pas vraiment où me diriger dans la vie.

D'aussi loin que mes souvenirs me ramènent, j'ai toujours pensé et rêvé que je deviendrais un joueur de hockey professionnel.

Je suis né le 31 juillet 1949 à Sainte-Justine-de-Newton, un village situé près de la frontière ontarienne. Quand j'ai eu deux ans, nous avons déménagé à Coteau-du-Lac, près de Valleyfield. Chez nous, on était quatre enfants : deux filles et deux garçons. Une de mes sœurs est décédée, l'autre est à la retraite. Mon frère Jocelyn est, lui aussi, disciple de Thémis.

Mon père, Richard, étant le directeur de l'école, nous habitions dans l'appartement juste au-dessus. Il y avait une patinoire à l'arrière. C'est là que j'ai commencé à jouer au hockey. Je m'en souviens encore… J'étais tout petit. Je n'étais même pas en première année, mais je voulais y aller tous les jours. Ma mère, Marie-Claire Arsenault, attendait la récréation pour demander à un grand de m'aider à descendre les escaliers avec mes patins.

Après Coteau-du-Lac, notre famille a déménagé à Valleyfield. J'avais alors sept ou huit ans. J'ai terminé mon cours primaire à l'école Julien, où j'avais commencé à jouer au hockey intramural. À partir de la septième année, j'ai joué au hockey intercollégial au Séminaire, où j'ai suivi les cours *Éléments français* puis *Éléments latins*. J'y ai fait les trois quarts du cours classique, puis les cégeps ont été créés et j'ai terminé mes études à cet endroit, qui est devenu le collège de Valleyfield. Je jouais au hockey au niveau junior, puis sénior. Je réussissais tellement bien que, même si je n'étais ni grand ni gros, je suis devenu le capitaine de l'équipe.

À cette époque, mon père a été nommé préfet de discipline du collège. J'avais beau être passionné par mon sport et réussir au hockey, il était intransigeant quant à la discipline et à l'importance des études. Il n'était pas question qu'il apprenne que j'étais parfois «malcommode». Pourtant, pour prouver aux autres que je n'étais pas un mouchard, je l'étais.

À ma deuxième année au collège, j'ai eu le malheur de couler. Mon père m'a convoqué et il a tranché.

— Si le hockey nuit à tes études, tu vas lâcher le hockey!

Je voulais continuer à jouer. Au prix de nombreux efforts, j'ai réussi à terminer mes cours. Je n'ai jamais eu de notes très élevées, sauf au hockey. J'aimais tellement ce sport que, l'été, j'allais m'entraîner avec l'équipe de football du collège, Les Phalanges, pour être en pleine forme au moment d'entamer la saison suivante. J'étais assidu en gymnastique pour la même raison. En fait, les sports me réussissaient, bien au-delà de mes espoirs. En 1967, j'ai même été nommé athlète de l'année de tout le collège.

Un de mes plus beaux souvenirs vient de mon premier match avec l'équipe sénior. Le pointage était de 3 à 3 et j'ai marqué le but gagnant, soulevant la foule massée dans les gradins. Le lendemain, fier de mon exploit, mais gêné de le montrer, j'ai entendu des élèves dire :

— De la chance pure, la rondelle a dévié et a frappé son patin...

La gloire est éphémère...

* * *

Parallèlement à mes études et à la pratique du sport, je faisais aussi du théâtre, sans savoir que ça me servirait dans ma carrière de criminaliste. J'étais le seul étudiant du collège à jouer au hockey et à monter sur scène. J'aimais cela, même si les deux mondes étaient aux antipodes. J'ai même joué dans *Roméo et Juliette*. C'était le bon temps. Mais quand j'arrivais au vestiaire, on se moquait de moi :

— Tiens, tiens, la fillette qui fait du théâtre !

Et quand j'allais au cours de théâtre :

— Attention, le fier-à-bras arrive !

* * *

Je n'avais aucun plan de carrière. Mon seul but était de réussir au hockey et d'obtenir d'assez bonnes notes pour terminer mes études.

Lors de ma dernière année, mon instructeur, Lucien Miron, m'a demandé quels étaient mes plans une fois mes études terminées. Je lui ai dit que, puisque j'étais un sportif avant tout, j'allais poser ma candidature en éducation physique dans diverses universités. Et là, il m'a causé toute une surprise en me plaçant devant ce dilemme :

— Jean-Pierre, j'ai reçu des appels, m'a-t-il dit. Tu pourrais aller faire le camp d'entraînement des Cougars de Chicago...

Les Cougars étaient une franchise de l'Association mondiale de hockey et faisaient partie de la nouvelle ligue professionnelle de hockey. C'était une ligue concurrente à la Ligue nationale de hockey. On avait même réussi à y attirer nul autre que Wayne Gretzky à son arrivée dans les rangs professionnels en 1978. Et c'est aussi dans cette ligue qu'ont été créés les Nordiques de Québec.

— Ce n'est pas tout, a ajouté mon instructeur. J'ai aussi reçu un appel de l'Université de Sherbrooke. Tony Effernan, l'entraîneur du Vert et Or, veut t'avoir.

— Dans quelle faculté dois-je m'inscrire pour jouer là ? ai-je demandé tout de suite.

— Inscris-toi dans celle que tu veux, Effernan va te faire passer...

J'avais terminé le collège avec une moyenne de 72 %, mais en droit, où j'étais tenté de m'inscrire, car quelqu'un m'avait dit que «c'était facile», on demandait 85 %...

Malgré mes notes, j'ai donc envoyé une demande d'admission à la faculté de droit de l'Université de Sherbrooke, une autre en criminologie à l'Université de Montréal et une troisième en éducation physique à l'Université d'Ottawa : trois universités où il y avait des équipes de hockey.

Seul Ottawa n'a pas voulu de moi. Et choisir entre l'université et le camp d'entraînement des Cougars de Chicago pour avoir la chance de jouer au hockey professionnel représentait tout un dilemme. Dans ma famille, les études étaient importantes. Je me suis dit que mon père ne serait pas très fier que j'aille perdre un an d'études à Chicago. J'ai donc décidé d'aller jouer au hockey pour le Vert et Or de l'Université de Sherbrooke et, conséquemment, j'avais choisi le droit. Uniquement pour aller jouer au hockey. Sans autre raison valable. Quand je suis arrivé à l'Université de Sherbrooke, on s'entraînait tous les matins et on jouait les fins de semaine. J'étudiais à plein temps et, pour payer mes études et mon logement, je travaillais dans les bars. J'avais commencé à travailler dès l'âge de treize ou quatorze ans. On n'était pas riches chez nous et, l'été, j'acceptais n'importe quel emploi pour payer mes études et avoir un peu d'argent de poche. J'ai ainsi appris à la dure qu'il fallait travailler fort pour gagner sa vie. Je parcourais souvent plusieurs kilomètres à vélo pour me rendre au travail. J'ai ramassé de la tourbe pendant plusieurs étés, de 6 heures du matin à 8 heures du soir, travaillé sur la chaîne d'assemblage de bardeaux à la compagnie Domtar de Lachine et dans une usine de portes et fenêtres, et œuvré comme vitrier et même comme plombier avec un de mes oncles. J'acceptais toutes les offres qui passaient, de sauveteur dans un camping à boulanger temporaire.

Puis, lorsque j'ai atteint l'âge de gagner ma vie, je me suis trouvé un emploi à l'hôtel de Coteau-du-Lac ; j'y ai acquis suffisamment d'expérience pour travailler dans les bars de la région de l'université. Dans l'un d'entre eux, j'ai rencontré Suzanne, la fille du propriétaire, qui allait plus tard devenir ma femme et la mère de nos trois enfants : Élisabeth, journaliste à *TVA Sports*, Véronique, restauratrice à Newport, au Vermont, et Jean-Samuel, ingénieur à Toronto.

Au bout d'un mois et demi de cours, je me suis aperçu que les études de droit exigeaient beaucoup de travail. Si je continuais à jouer au hockey, non seulement je ne serais plus présent aux fêtes, mais je ne réussirais pas mes cours et je n'aurais plus qu'à rentrer chez moi bredouille.

Un dimanche soir, alors que j'étais dans ma chambre, j'ai décidé de laisser le hasard décider pour moi : pile, j'irais à l'entraînement du lendemain matin, face, je me concentrerais sur mes cours. Le sort a tranché. Je ne me suis pas présenté à l'aréna. Je venais de décider de me consacrer à mes études. Sans le savoir, j'avais choisi ma future carrière.

Deux jours plus tard, mon instructeur m'a demandé ce qui se passait. Je lui ai expliqué que je n'avais pas de bourse pour payer mes études, que je devais travailler dans les bars pour y arriver, et que le mélange bars, études et hockey ne fonctionnait tout simplement pas pour moi.

— Ma famille n'a pas les moyens de payer mes études, lui ai-je expliqué. Tout ce qu'elle peut me fournir, c'est un peu de bouffe, des sauces à spaghetti et des encouragements. Il faut que je paye ma chambre et mes cours.

Il a réussi à me convaincre de retourner avec l'équipe, mais, au bout de deux ou trois semaines, je devais me rendre à l'évidence : ça ne fonctionnerait pas. J'ai donc définitivement lâché le hockey universitaire, mais pas la pratique de ce sport. J'étais en trop bonne forme, et j'ai été engagé dans la ligue intermédiaire intermunicipale des Cantons-de-l'Est avec le club de Sawyerville. J'ai ainsi pu poursuivre mes cours. Dans mes temps libres, je jouais aussi dans une autre ligue intermédiaire, la ligue Soulanges, où j'évoluais pour l'équipe de Coteau-du-Lac. C'était une ligue intermunicipale où tous les coups étaient permis, mais ma vitesse et ma forme physique me les épargnaient. Surtout, je pouvais marquer des buts. J'étais tellement passionné de ce sport que j'ai joué pendant plusieurs années après l'université et même après être devenu avocat, dans la ligue de hockey Dépression, une ligue sénior où le niveau de jeu était très élevé.

J'ai terminé mon premier semestre à l'université avec une moyenne de 60,1 %. J'ai continué à étudier, mais je ne savais pas où cela me mènerait. J'avais choisi le droit par pur hasard, pour jouer au hockey, mais j'étais loin d'avoir décidé que je serais avocat. Ma seule motivation pour obtenir mon diplôme était que ma nature m'a toujours poussé à terminer ce que j'entreprenais. Pourtant, je n'avais aucune idée de ce qu'était un avocat ou un juge et encore moins de ce que je faisais là.

* * *

Je me présentais à tous mes cours sans grande conviction, et je trouvais même cela ennuyeux, mais j'ai terminé malgré tout les trois années obligatoires avec une moyenne de 72 %. Je jouais toujours au hockey et, quand bien même mes études universitaires étaient terminées, je ne savais toujours pas ce que j'allais faire de ma vie.

En fait, tout ce que je voulais, c'était obtenir ma carte dans le but d'exercer le droit. J'ai donc passé mes examens du Barreau. Il y en avait six. Le premier était un examen de droit criminel. Je l'ai raté. Je savais que je pourrais me reprendre après les cinq autres, mais quand même... Pour me rendre aux examens du Barreau de Montréal, je voyageais avec le fils d'un juge de Valleyfield, un *bollé* qui n'avait aucune difficulté à étudier et à réussir ses examens. Témoin privilégié de sa réussite, j'ai décidé de changer ma façon d'étudier. J'ai acheté tous les cahiers d'examen du Barreau depuis 1949 en pensant qu'on allait certainement nous poser des problèmes similaires en changeant simplement le nom des personnes impliquées. Cela a fonctionné, au point que c'est le fils du juge qui a échoué. Il a dû repasser deux examens, et il est même devenu juge, plus tard. De mon côté, il me restait à repasser l'examen de droit criminel, ce que j'ai fait avec succès.

Alors que je me présentais à ce dernier examen, je me suis assis à côté d'un garçon qui, comme moi, recommençait l'examen et enseignait à de futures secrétaires juridiques. Il me connaissait, car il enseignait à Suzanne, celle qui allait devenir mon épouse. Ce jour-là, il m'a demandé :

— Où vas-tu faire ton stage ?

— Dans un cabinet de Valleyfield. On m'a accepté si je travaille gratuitement.

— Quelle sorte de droit veux-tu pratiquer ?

Comme je ne le savais pas du tout, j'ai inventé une réponse :

— Je pense me diriger en droit du travail.

— Tu aimerais cela, le droit du travail ?

— Oui.

— Ça tombe bien, m'a-t-il dit, je suis très proche du ministre du Travail, Jean Cournoyer. Veux-tu que je lui en parle ?

— Bien sûr.

Quelques jours plus tard, il m'apprenait qu'il avait parlé à Jean Cournoyer. Celui-ci avait envoyé une lettre au ministre de la Justice, Jérôme Choquette, afin de me trouver un poste.

— On va te contacter, m'a-t-il confié.

J'ai effectivement reçu une lettre. Convoqué au bureau du ministre Choquette à Montréal, j'y ai rencontré son secrétaire, José Dorais, qui a ouvert un dossier et m'a demandé :

— Rancourt, Rancourt, tu veux aller en droit du travail ?

— Oui.

— Mais s'il n'y a pas de place, est-ce que je t'offre autre chose ?

— Bien sûr ! Peu importe où, pourvu je trouve du travail rémunéré.

Quelques jours plus tard, je recevais une autre lettre : je devais me présenter à Me Gérard Girouard, alors procureur en chef de la Couronne à Montréal. On me proposait un stage comme procureur de la Couronne.

Chapitre 2

La piqûre !

Je n'en revenais pas. Le droit criminel ne m'intéressait pas vraiment, j'avais boudé cette matière durant mes études, coulé l'examen du Barreau et j'avais même dû m'y reprendre pour devenir avocat. Et voilà que j'étais pressenti pour travailler comme procureur de la Couronne.

Je me revois le matin du jeudi 4 juillet 1974. Je venais de m'acheter un costume, puisque je n'en possédais toujours pas. Et aussi un porte-documents, qui était... vide. Je suis arrivé au bureau des procureurs de la Couronne au palais de justice de Montréal à l'avance pour faire bonne impression. J'avais vingt-cinq ans, les cheveux longs et une barbe. Il était 8 h 45 et je me suis présenté à la secrétaire.

— Jean-Pierre Rancourt, je viens rencontrer Me Gérard Girouard.

— Il est trop tôt, monsieur, les tribunaux ne siègent qu'à partir de 10 heures, revenez vers 9 h 15.

Je me suis présenté une demi-heure plus tard. La secrétaire m'a indiqué un corridor et m'a informé que Me Girouard se trouvait à la salle de café avec d'autres procureurs. Je m'y suis dirigé. Je m'entends encore me présenter, jeune novice devant le procureur en chef qui prenait un café, les deux pieds sur la table :

— Maître Girouard, je suis Jean-Pierre Rancourt, je viens faire un stage ici.

— C'est parfait, mon garçon, mais, demain matin, tu reviendras la barbe et les cheveux coupés parce que tu viens travailler pour le gouvernement ici. Prends-toi un café, c'est Me Jack Wiseman qui va s'occuper de toi.

Ma première réaction a été de me dire que j'allais terminer la journée et que, le lendemain matin, ils n'auraient qu'à m'oublier. Je ne serais plus là. Mais j'ai vite changé d'idée quand Me Wiseman, un personnage très coloré, m'a emmené dans son bureau et m'a dit, sans préambule :

— Aujourd'hui, tu vas te présenter à la salle 3.08 du palais de justice et tu vas regarder comment ça se passe. Tu vas étudier comment procède la Couronne et demain… tu plaides !

Ils sont fous, ai-je pensé. J'ai assisté au travail du procureur de la Couronne et vu qu'en une journée il traitait une quarantaine de dossiers. Ça roulait. Un dossier n'attendait pas l'autre. J'avoue que j'aimais cela, mais j'étais anxieux. À la fin de la journée, j'ai revu Me Wiseman. Il s'est enquis de mon impression, alors je lui ai fait part de mes inquiétudes.

— J'ai été fasciné. J'ai trouvé ça intéressant. Mais le procureur qui officiait doit avoir toute une expérience, car il en avait, des dossiers.

— Pas du tout, a-t-il répondu. C'est un stagiaire, tout comme toi, mais on a décidé de l'envoyer ailleurs. Donc, demain matin, je vais te donner deux dossiers. Tu vas les plaider. Et si tu aimes ça, lundi matin, je te donnerai tout le rôle. Tous les quarante quelques dossiers, comme tu dis…

Les accusations dans les deux dossiers en question concernaient une conduite avec facultés affaiblies et un vol à l'étalage. Je les ai étudiés à fond chez moi, en soirée. Le vendredi matin, j'étais pour la première fois de ma vie assis à la place des avocats au tribunal. Dans les deux cas, les avocats des accusés m'ont informé que leurs clients désiraient plaider coupable. Mon travail de procureur consistait donc à débattre les sentences que le juge devait rendre. Je me suis levé et j'ai présenté mes arguments. Tout de suite, j'ai eu la piqûre ! Le coup de foudre ! Je savais ce que je voulais faire pour le restant de mes jours. J'aimais plaider. J'avais trouvé ma voie : avocat au criminel.

À la fin de la journée, tout excité cette fois, j'ai revu mon nouveau mentor, Me Wiseman.

— Alors, m'a-t-il demandé, tu aimes ça ?

— Je n'en reviens pas. J'adore ça.

— Très bien, comme je te l'avais promis, voilà la pile de travail pour lundi prochain.

Il y avait là quarante dossiers exactement.

Chapitre 3

Permanent grâce à Richard Blass

J'ai travaillé dur pendant environ trois mois pour présenter les dossiers de la Couronne. J'affrontais régulièrement les ténors de la défense montréalaise. Chaque jour, je prenais de l'expérience et, surtout, j'acquérais de la confiance en mes capacités d'argumenter et de plaider. Un autre pur hasard de la vie allait changer, une fois de plus, l'orientation de ma carrière d'avocat.

Le tristement célèbre Richard Blass, dit *Le chat*, qui allait terminer sa carrière criminelle sous les balles de policiers dans un chalet de Val-David le 24 janvier 1975 après avoir commis pas moins de vingt meurtres, avait participé à un vol à main armée à Sherbrooke, où il s'était fait prendre. Il avait subi son procès dans cette ville et, reconnu coupable, il avait menacé haut et fort le juge William B. Mitchell et le procureur de la Couronne, Me Michel Pinard :

— Quand je vais sortir, juge, t'es mort, et puis toi aussi, Pinard !

Son incarcération a été de courte durée. Rapidement, Blass s'est évadé. Des gardes du corps ont donc été affectés à la protection du juge et de Me Pinard. Ce dernier avait régulièrement affaire à Montréal. J'ai fait sa connaissance aux bureaux de la Couronne. Avec Me Claude Parent, un stagiaire comme moi qui est devenu juge par la suite, je partageais un bureau situé en face de la salle de café. À l'époque, certains séniors avaient coutume d'avoir sous la main quelques bouteilles d'alcool pour les amis et les invités. Pour faire sérieux, je m'étais moi-même monté un petit bar à cet effet. De notre bureau, je voyais régulièrement Me Pinard à la salle de café en compagnie de gardes du corps. Cela m'intriguait. Un jour, je l'ai approché et l'ai invité à prendre un petit café cognac. Nous nous sommes vite aperçus que nous avions des atomes crochus et sommes devenus amis. À un moment donné, il m'a demandé :

— Jean-Pierre, est-ce que cela te tenterait de venir travailler à la Couronne du district judiciaire de Sherbrooke ?

— Peut-être, mais pourquoi ?

— Je t'explique. Me Jean Dutil, un de nos meilleurs procureurs, est maintenant président de la nouvelle Commission d'enquête publique sur le crime organisé[*].

— Et ?

— Il occupait le poste de procureur de la Couronne pour le district de Thetford Mines et on cherche à le remplacer. Je pourrais appeler le ministre. On serait trois dans le district et tu pourrais t'occuper des causes de Thetford Mines toutes les deux semaines.

Sa proposition n'est pas tombée dans l'oreille d'un sourd. Je n'étais que stagiaire à Montréal, je n'avais pas de poste permanent. Et là, il m'en offrait un.

---

[*]   La mémorable CECO, qui s'est étendue de 1972 à 1980.

— Ça me tente, ai-je tout de suite répondu.

C'est ainsi que je me suis retrouvé à Sherbrooke, où j'allais passer ma longue carrière de criminaliste. Nous étions trois procureurs. En plus de Me Pinard, il y avait Me Michel Côté. J'ai été assermenté par le juge John O'Meara le vendredi 7 mars 1975 à Montréal. Me Pinard m'a alors demandé :

— Ça te dirait, un procès devant jury dès lundi ?

Comment refuser ? J'avais acquis de l'expérience en plaidant cinq jours par semaine durant les mois passés à Montréal, ce qui m'avait donné confiance en mes capacités. J'avais affronté les criminalistes les plus coriaces : Mes Frank Shoofey, Raymond Daoust et Nikita Tomesco, pour ne nommer qu'eux. Et, je ne m'en cache pas, j'étais devenu fonceur, un vrai « ti-coq ». C'est avec cette attitude que je me suis présenté à Sherbrooke.

— Le procès en question, m'a expliqué Me Pinard, c'est contre un ténor du Barreau, Me Serge Ménard. Il représente les frères Lalime, qui sont accusés de vols de motoneiges et de possession d'armes à feu.

Je connaissais évidemment de réputation cet avocat qui allait devenir le ministre de la Sécurité publique au sein du Parti Québécois et, par la suite, député du Bloc Québécois.

Il fallait que je m'achète une toge, mais je n'avais pas d'argent. On gagnait peu à cette époque et il fallait que je paye ma cotisation au Barreau, qui était due le mois suivant, en avril. Si je voulais officier à ce procès devant jurés, je devais en payer la moitié. Pas grave, j'étais trop fébrile. J'ai emprunté l'argent, payé ma cotisation et acheté ma toge.

Je pense que j'ai été le premier avocat au Québec à faire un procès devant jury deux jours seulement après avoir été assermenté. Le procès a duré une semaine. J'ai été le premier à plaider et j'ai tout tenté pour faire condamner les deux accusés. Quand ce fut le tour de Me Ménard, il a commencé sa plaidoirie ainsi :

— Je tiens à féliciter mon jeune confrère, qui en est à son premier procès devant jurés…

J'ai grincé des dents. Je n'aimais pas du tout sa remarque. Pourquoi disait-il cela ? Mon nouveau statut n'avait rien à voir avec la cause et c'était déplacé de sa part. Je fulminais. Son intervention, cependant, a été vite oubliée quand est arrivée la décision du jury : j'avais gagné, les frères Lalime étaient reconnus coupables.

Après le procès, Me Pinard nous a invités, Me Ménard et moi, à prendre un verre chez lui. Une fois la soirée entamée, je me suis adressé à Ménard :

— Je n'ai pas trop aimé votre remarque sur le fait que j'en étais à mon premier procès devant jurés !

— Tu as mal compris, a-t-il rétorqué, tout étonné. Je n'ai pas dit cela pour te nuire. Ça t'a même aidé en te rendant encore plus sympathique pour les jurés, car tu l'étais déjà, c'était évident.

Il avait raison. Je l'ai admis. Et je m'en suis souvenu pour les procès futurs lorsque j'aurais à plaider devant jurés. Une leçon capitale que je n'allais jamais oublier : se rendre sympathique aux jurés même si l'accusé, lui, ne l'est pas.

Chapitre 4

De la Couronne à la défense

Dès ce premier procès devant jurés, je me suis entiché à jamais de mon métier de criminaliste. Je l'aimais éperdument et ce sentiment ne m'a jamais quitté. Gagner une cause procure une satisfaction indescriptible. Et, comme je le répète toujours à mes clients, je veux gagner la cause que je défends pour moi d'abord. C'est toujours un défi personnel, avant d'être un défi à relever pour mon client.

Travailler pour la Couronne était la meilleure école à fréquenter pour accéder à la profession de criminaliste, celle que je pratique toujours avec autant de passion aujourd'hui : avocat de la défense. J'y ai appris à plaider et à contrôler mes peurs quand je me présente au prétoire. Malgré toute mon expérience, c'est toujours stressant ; j'ai encore des nœuds dans l'estomac lorsque je me retrouve devant un tribunal et il n'est pas bon que les jurés se rendent compte de cette nervosité, de ce trac, même si c'est le quotidien des artistes, des sportifs et de tous ceux qui font un métier public. J'ai donc dû apprendre à contrôler mes émotions. Aujourd'hui, aussitôt que je saute sur la glace, pour employer un terme de hockey, tout se replace.

En décembre 1975, mon apprentissage du métier à la Couronne de Sherbrooke était terminé et j'ai décidé de changer de camp. Je me suis ouvert un bureau et je suis devenu avocat de la défense. Pourquoi une telle décision, si majeure pour mon avenir?

En septembre 1975, un congrès des procureurs de la Couronne du Québec s'était tenu dans la Vieille Capitale. Le sous-ministre de la Justice était venu nous apprendre qu'il n'était pas question d'augmenter nos salaires. Je gagnais 11 000 $ par année comme procureur, alors qu'un policier qui commençait sa carrière en empochait 14 000 $. Je trouvais cela injuste. On travaillait comme des forcenés, et pour quelle compensation?

J'étais frustré de cette situation.

Durant cette période, j'ai rencontré un avocat du nom de Jean Beaudry. Il avait un bureau à Magog. Je lui ai fait part de mon insatisfaction et lui ai laissé entendre que je songeais à m'en aller en pratique privée. Il m'a invité à rejoindre son cabinet.

— Joins-toi à nous, on ouvrira un bureau à Sherbrooke et tu feras du droit criminel.

Il n'y avait pas de criminalistes établis dans cette ville à ce moment-là. Il n'y avait que des avocats, qui pratiquaient toutes les formes de droit. J'ai donc décidé d'aller rencontrer Me François Gérin, un avocat de Coaticook contre qui j'avais plaidé une cause pour la Couronne. Il allait devenir, tour à tour, député conservateur, puis député du Bloc Québécois, un parti qu'il a d'ailleurs aidé à fonder en 1991, en compagnie de Lucien Bouchard et de Louis Plamondon. Me Gérin m'a invité chez lui et je lui ai fait part de mes intentions.

— C'est une excellente décision, m'a-t-il répondu. Tu vas être le seul criminaliste du coin et tu vas ramasser tous les clients qui se présentent.

— Mais je crains de partir tout seul. Me Beaudry voudrait qu'on s'associe, mais je ne sais pas. Et toi, tu ne serais pas prêt à partir de Coaticook et à devenir mon associé ?

— Non, j'ai une trop grosse clientèle ici. De toute façon, je te conseille d'accrocher ta pancarte tout seul. Ouvre un bureau juste pour toi.

Un peu craintif, je n'ai pas suivi son conseil et j'ai préféré m'associer avec Mes Jean Beaudry et Robert Turgeon, qui m'ont avancé les fonds nécessaires pour m'installer. Je n'avais pas un sou. Ils avaient leur cabinet à Magog, j'avais le mien à Sherbrooke. Nous avons été associés de 1975 à 1978.

À ce moment, Me Gérin m'a avisé qu'il était maintenant prêt à faire du criminel avec moi à Sherbrooke. Nous sommes donc devenus partenaires jusqu'à ce qu'il fasse sa marque en politique. Il est malheureusement décédé d'un cancer fulgurant en avril 2005.

Les affaires se sont mises à fonctionner rondement dès que j'ai ouvert les portes. J'avais été à la Couronne suffisamment longtemps pour connaître tous les policiers du coin et ce sont eux qui me référaient des clients parmi ceux qu'ils arrêtaient. Et comme il n'y avait pas de criminaliste dans le coin, les accusés se tournaient tous vers moi. Le lundi, jour de comparution, un huissier-audiencier officiait et, quand le tribunal était prêt à siéger, il se dirigeait vers la salle des pas perdus et criait :

— Tous ceux qui ont des sommations ce matin, donnez-les-moi. Je vais les remettre à l'avocat.

Il en ramassait vingt-cinq, trente, quarante, me les remettait et je comparaissais pour les vingt-cinq, trente, quarante accusés, selon l'achalandage des lundis matin. À cette époque, même les avocats de l'aide juridique me donnaient leurs sommations.

— Tu aimes ça travailler, Rancourt, s'amusaient-ils à me dire, alors travaille !

Ainsi, je me suis constitué une clientèle large et variée dans un temps record, et ce, dès le premier matin comme avocat de la défense !

* * *

Puis s'est présentée ma première affaire de meurtre. L'accusé m'avait été référé par un policier. Après cette cause, les forces de l'ordre ont cessé de m'envoyer des clients parce que je ne les faisais pas tous plaider coupables. Je les défendais de toutes mes forces et je n'enfilais pas de gants blancs pour le faire. Les policiers leur conseillaient plutôt de m'éviter, prétextant que j'avais trop de clients pour m'occuper d'eux adéquatement ou que je leur coûterais les yeux de la tête.

Au cégep de Valleyfield, j'ai été le capitaine de mon équipe de hockey, les Phalanges, et je ne rêvais qu'à faire carrière comme hockeyeur professionnel.

Première rangée, de gauche à droite :
Guy Boisvert, Denis Pichette, Richard Lapalme, Pierre Langlois, Claude Chabot, Normand Fredette, Rod. Otis.
Deuxième rangée, même ordre :
Raynald Desruisseaux, entraîneur, Réginald Lacroix, gérant, J.-Pierre Rancourt, Richard Lacasse, Michel Grenier, Pierre-André Leduc, Louis Carrier, Luc Laliberté, Serge Ouimet, Bertrand Morin, coach, Fernand Bresse, entraîneur.

J'ai joué durant toute ma vie dans des ligues de hockey intermédiaire. Ici, avec le Club social Quatre Saisons en 1970–1971.

Ironie du sort, c'est un peu grâce à l'évasion du tapageur Richard Blass (à gauche), dit *Le chat*, que je suis devenu procureur de la Couronne permanent en 1975.

Avec mon premier partenaire, Me François Gérin (assis), à l'enquête du coroner de Fernand Laplante, plus tard accusé de trois meurtres en 1978.

Mon partenaire Me François Gérin (à gauche) et moi avec Bruno Jacques (au centre), qu'on a fait acquitter d'un meurtre au couteau lors d'un deuxième procès ordonné par la Cour suprême.

Mon premier partenaire, Me François Gérin (au centre), avec Bruno Jacques (à droite), sur les lieux d'une chicane de bar en 1980 qui s'était terminée par la mort d'un des belligérants.

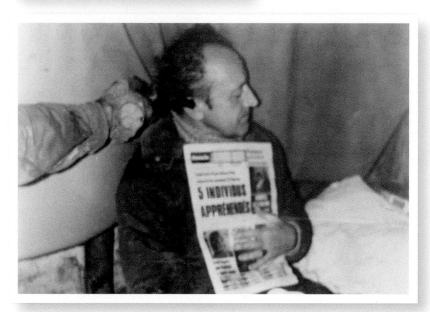

L'affaire Charles Marion en 1977 a propulsé ma carrière quand j'ai été appelé à défendre deux des accusés de son enlèvement à leur procès en 1978.

La première page du *Journal de Montréal* en compagnie de Jeanne Valence, le lendemain de l'acquittement de son mari, Claude Valence, sur quatre des cinq accusations portées contre lui dans l'affaire Marion.

Delmar Huff, qu'on a fait acquitter d'un meurtre à la hache pour aliénation mentale en 1982. Une cause qui a failli ruiner la réputation de notre bureau.

En 1984, mon partenaire Me François Gérin a quitté notre bureau pour devenir député dans le cabinet conservateur du premier ministre Brian Mulroney.

Avec Jean-Guy Grégoire, accusé du meurtre de sa maîtresse. Il s'en est tiré avec cinq ans de pénitencier grâce à certaines circonstances atténuantes.

L'ACCUSÉ, AVEC SON PROCUREUR.

L'artiste de cour Julio Galiana a fait mon dessin avec mon client lors du procès de Jean-Guy Grégoire en 1984.

J'ai connu mon idole Guy Lafleur quand je l'ai défendu en 1983 pour avoir prétendument tué illégalement un chevreuil de 275 livres un an plus tôt.

Guy et moi sommes arrivés et repartis de son procès à Lac-Mégantic dans cette limousine, avec laquelle il était venu me chercher le matin.

Avec Georges Guilbault de la compagnie Sherwood, après l'acquittement de Guy Lafleur à Lac-Mégantic.

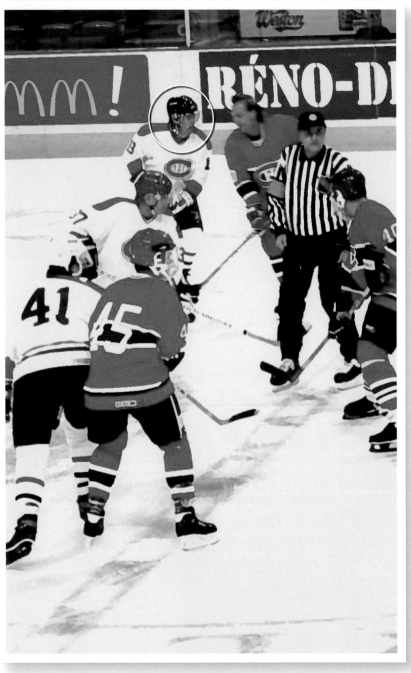

J'ai eu le privilège de jouer sur la même glace que Guy Lafleur à plusieurs reprises. Ici, je porte le numéro 13 et lui fais face.

Chapitre 5

Ma première cause de meurtre

Même si je commençais à leur déplaire, les policiers me refilèrent un certain Manuel Levitt, trente-deux ans, interrogé puis arrêté, soupçonné d'avoir tué sa sœur Phyllis, plus jeune que lui de quatre ans, à coups de hache, à Ascot Corner le 29 février 1976. C'était un Américain, résident de Brooklyn, dans la ville de New York, en vacances chez la victime quand le drame est survenu.

À cette époque, dans une affaire de meurtre, il y avait toujours une enquête du coroner pour décider si le suspect devait être tenu ou non criminellement responsable des gestes qu'on lui imputait. Après quoi, si le résultat était positif, et il l'était presque toujours, on l'accusait formellement devant le tribunal.

C'était ma première cause de meurtre ; j'étais tout excité. Je me suis rendu à l'enquête en me sentant béni des dieux, car je venais d'ouvrir mon bureau à peine deux mois plus tôt. Un avocat de Montréal était déjà sur place. Il s'est présenté au procureur de la Couronne, mon ancien collègue, Me Michel Pinard.

— J'ai été mandaté par la famille pour m'occuper de Manuel Levitt…

Stupéfait, je l'ai approché et lui ai expliqué que j'avais rencontré ce dernier, que je l'avais interrogé et qu'il m'avait demandé de le représenter.

— Je suis au courant, m'a-t-il répondu, à mon grand soulagement. Il n'y a pas de problème. Restez avec moi, on va faire l'enquête ensemble.

Sur le coup, j'ai eu peur de perdre le client et la face devant les procureurs de la Couronne et les médias, qui savaient que je représentais Manuel Levitt. Ces enquêtes du coroner étaient publiques et très suivies par les journalistes. Ce serait donc une bonne publicité pour moi, gratuite de surcroît, puisqu'on leur permettait de prendre des photos des participants et qu'on les voyait dans les journaux locaux et dans les journaux spécialisés comme *Allô Police* et *Photo Police*. Malheureusement, c'était juste du spectacle. Un gros *show*. Ces enquêtes pour affaires de meurtre allaient être abolies plus tard. Mais, ce soir-là, notre client avait été tenu criminellement responsable et il a été accusé formellement du meurtre de sa sœur les jours suivants.

À la suite de l'enquête menée avec l'avocat de Montréal, nous avons eu un entretien avec le père et la mère de l'accusé, venus de Brooklyn pour défendre ses intérêts. C'est alors que j'ai reçu ma première leçon : comment s'occuper d'un client.

Pendant une heure et demie, mon confrère montréalais m'a fait la démonstration d'une belle relation avec les clients. En fait, je n'ai fait qu'écouter ses propos. Il leur a expliqué de manière très habile ce que seraient les procédures judiciaires à venir. Il leur a affirmé qu'ils seraient bien représentés par Me Rancourt, qui avait une bonne connaissance du fonctionnement du district de Sherbrooke et qui entretenait un lien privilégié avec les magistrats et le psychiatre qui, de toute évidence, auraient à évaluer l'état d'esprit de leur fils au moment du drame. Il a rassuré ces gens en prenant tout le temps nécessaire pour leur démontrer la gravité de la situation dans laquelle se trouvait leur garçon. Après avoir détaillé la stratégie qu'on emploierait pour qu'il soit traité adéquatement par la justice québécoise, il a donné une idée de l'ampleur des sommes qu'ils auraient à débourser avant que le procès se termine. Il n'a jamais parlé de montant précis, mais ses propos laissaient clairement entendre qu'il serait élevé.

J'ai engagé le psychiatre Pierre Gagné, un expert reconnu par les tribunaux, qui est devenu un ami par la suite, et il a pu rencontrer l'accusé Levitt.

— Ton client, m'a-t-il expliqué après l'avoir évalué, est un schizophrène paranoïde qui a été diagnostiqué il y a plusieurs années par les médecins américains. J'ai tous les rapports en main. Il était sous médication constante. Il a manqué de médicaments et il s'est mis à fabuler : des extraterrestres étaient venus le tuer parce qu'il était le fils de Jésus. Quand sa sœur, voyant qu'il était en crise, s'est approchée et a voulu le maîtriser, il a pensé qu'elle travaillait avec eux. Il a pris une hache et l'a tuée.

Sa défense était claire comme de l'eau de roche. J'ai présenté le rapport au procureur de la Couronne, et le procès de Levitt, tenu en mai 1976, n'a duré qu'une demi-journée. L'avocat de Montréal ne s'étant pas présenté, j'ai plaidé l'article 16 du Code criminel, et Manuel Levitt a été acquitté pour aliénation mentale et interné sur recommandation du lieutenant-gouverneur en conseil. Je n'ai plus jamais entendu parler de lui.

* * *

Pour mes services dans cette cause, j'ai reçu 4 000 $, convaincu encore aujourd'hui que mon confrère de Montréal en avait probablement reçu au moins dix fois plus. Mais j'étais quand même satisfait. Il m'avait donné de bonnes leçons. L'argent, dans cette cause-là, n'était pas important pour moi. Avoir commencé ainsi ma carrière en défense me réjouissait au plus haut point. Cela me rassurait d'être passé de la Couronne à la défense. Puis, cette affaire avait fait du bruit, les médias avaient parlé de moi. Que demander de plus?

Mes deux partenaires m'ont convaincu de fêter ma première cause importante devant les tribunaux. Avec les 4 000 $, nous nous sommes envolés pour Freeport, aux Bahamas!

Chapitre 6

Une cause que j'ai encore sur le cœur

Quand j'ai annoncé que je passais de la Couronne à la défense, on m'a dit que ce serait ardu, que je devrais travailler très fort avant de parvenir à me faire une clientèle. On m'avait surtout averti que je devais m'attendre à avoir beaucoup moins de revenus qu'en travaillant pour le ministère de la Justice. Du moins la première année.

Je n'avais jamais eu d'argent de ma vie. Ma famille n'était pas riche. Nous mangions tous les jours, mais je n'étais pas habitué à avoir de l'argent. Je m'attendais au pire. Je travaillais fort, mais je m'étais préparé à en arracher. Or, ce fut tout le contraire. J'avais tellement de causes que, dès cette première année, j'ai pu m'acheter une maison mobile de 21 mètres, entièrement meublée. Et l'année suivante, en 1977, je me suis permis le caprice de bien des jeunes hommes de mon âge à l'époque : je me suis offert la Corvette de l'année. Ça coûtait les yeux de la tête dans ce temps-là, 9 000 $. Mais je l'ai payée comptant.

J'étais en pleine ascension et j'aimais cela. Mon coup de foudre pour la profession de criminaliste ne s'estompait pas. Au contraire, je m'emballais de plus en plus et, loin de m'arrêter dans mon élan, ma deuxième cause de meurtre s'est présentée sur un plateau. Et quelle cause! J'allais pourtant l'avoir sur le cœur pendant longtemps.

Pour la première fois, j'allais vivre le stress inouï qu'on ressent lorsqu'on attend le verdict des jurés. Une tension qui ne se relâche que lorsque le greffier nous appelle et demande aux membres du jury:

— Qui est votre président?

Un des jurés se lève.

— Est-ce que vous en êtes arrivés à un verdict unanime?

— Oui.

— Voici la question: aux chefs d'accusation portés contre l'accusé, est-ce que le verdict est coupable ou non coupable?

C'est là que tout le drame se dénoue. Que la tension atteint son summum. Dans sa conclusion. Une pression énorme pèse sur l'avocat, qu'il soit de la Couronne ou de la défense. Et que dire de ce que vit l'accusé? C'est à cet instant que se joue son avenir.

* * *

Cette deuxième cause de meurtre, j'allais la vivre avec mon nouvel associé, le tout premier avocat que j'avais sollicité comme partenaire, Me François Gérin, qui s'était finalement joint à mon cabinet. Notre équipe fonctionnait à merveille jusqu'à ce qu'il se laisse tenter par la politique. Au bureau, il était le planificateur, le stratège de nos causes. Il travaillait dans l'ombre, alors que j'étais le fonceur, celui qui se présentait devant le tribunal, qui menait des contre-interrogatoires serrés, qui tentait de faire se contredire les témoins contre mes clients et qui plaidait à la fin des procès. François, lui, ne se présentait en cour que lors de la délibération des jurés et pour le prononcé du verdict. Dès son arrivée, nous savions que nous allions former une équipe du tonnerre.

Et nous l'avons tout de suite démontré au procès pour meurtre de Fernand Laplante, trente-cinq ans, un dur de la région de Sherbrooke. Il était soupçonné de trois règlements de compte au sein d'une bande de voleurs : l'assassinat de Carole Fecteau, tuée de deux balles et dont le corps avait été découvert le 24 juin 1978 dans le ruisseau Sans Nom d'East Hereford, et le double meurtre, deux semaines plus tard, de Raymond Grimard, trente-huit ans, surnommé *Le Loup*, et de son amie Manon Bergeron, dix-neuf ans, retrouvés le 6 juillet dans le canton d'Ascot, près de Lennoxville. Il était soupçonné de les avoir éliminés parce qu'ils en savaient trop sur ses activités criminelles.

C'est lors de ce procès pour double meurtre que j'ai vécu mes pires angoisses jusque-là en carrière. Un présumé complice de Laplante, Jean Charland, vingt ans, avait fait une déclaration aux policiers qui avait été déposée au dossier de l'enquête du coroner Jean-Pierre Rivard. Il y affirmait que c'était Laplante qui avait commis le double meurtre. Mais, cité comme témoin à l'enquête, il avait renié ses propos et révélé que Laplante n'avait rien à y voir. Celui-ci, pour sa part, avait refusé de témoigner, prétextant qu'il avait été battu et menacé par la police. Il a été condamné à un an de prison pour outrage au tribunal, et formellement accusé du double meurtre de Grimard et de Bergeron. Charland, quant à lui, a été remis en liberté. Laplante m'a demandé de le représenter.

Le devoir d'un avocat de la défense n'est pas de croire ou non en l'innocence de son client. Son rôle est de le défendre au meilleur de sa connaissance, en suivant les règles de la preuve jusqu'à tester les limites de la loi. Tout citoyen canadien a droit à une défense pleine et entière, et est innocent jusqu'à preuve du contraire. C'est le fondement de notre droit.

Dans le cas de Laplante, j'étais convaincu qu'il n'était pas mêlé au double meurtre.

— J'ai été impliqué dans bien d'autres affaires, m'avait-il juré à maintes reprises, je ne m'en cache pas, mais le double meurtre, je n'ai rien à y voir. Rien.

Je l'ai donc représenté à son procès devant un jury présidé par le juge Me Paul M. Gervais de la Cour supérieure au printemps 1979, et j'étais convaincu de pouvoir le tirer de là.

Le témoin principal contre Laplante était évidemment Jean Charland. On l'avait finalement arrêté pour un incendie criminel commis au motel Aloha, un incendie qu'il aurait planifié avec un certain Régis Lachance, en échange d'une somme de 2 500 $. On l'avait interrogé de nouveau sur le double meurtre et il avait encore changé sa version des faits. Cette fois, il incriminait mon client.

Témoignant avec la protection de la cour, Charland a raconté que Laplante et lui s'étaient rendus en Cadillac au beau milieu de la nuit dans le canton d'Aston, en compagnie du couple. Selon Charland, à un moment donné, Laplante a sorti *Le Loup* (Grimard) de la voiture à la pointe d'une carabine à canon scié et s'est éloigné dans un pacage. Charland a alors entendu des coups de feu et a même klaxonné pour que personne ne les entende. Puis, Laplante est revenu vers la voiture, a mis une corde autour du cou de la fille, l'a aussi entraînée dans le pacage et l'a abattue.

Charland a ensuite précisé qu'après avoir commis le double meurtre duquel il n'avait été que témoin, Laplante et lui ont abandonné la voiture, puis ils ont marché jusqu'à Lennoxville afin de prendre un taxi pour revenir à Sherbrooke.

La Couronne a fait témoigner le chauffeur de taxi en question, qui a confirmé avoir pris deux clients pour les mener de Lennoxville à Sherbrooke ce matin-là. Ce qui confirmait les propos de Charland.

J'ai contre-interrogé le chauffeur et lui ai demandé d'identifier Charland.

— Oui, oui, c'était bien lui. Je l'ai eu souvent comme client.

— Et Laplante, le connaissez-vous?

— Non, c'était la première fois que je le voyais.

— Comment pouvez-vous le reconnaître, alors?

— Ce que j'ai remarqué de ce client-là, que je voyais dans mon miroir, c'est qu'il avait de nombreux tatouages sur les bras.

— Mais reconnaissez-vous son visage?

— Non, dit-il, mais les tatouages et tout... Puis les policiers m'ont dit que c'était lui, ils m'ont même montré des photos. Donc, c'est lui.

Je me suis tourné vers le box des accusés, où se trouvait mon client. Je lui ai demandé de se lever et d'enlever son chandail. Torse nu, en pleine cour, il n'avait aucun tatouage sur le corps. Aucun!

Le chauffeur de taxi a alors été forcé d'admettre que l'accusé n'était pas celui qu'il avait transporté avec Charland.

Je me voyais gagner cette cause. Il n'y avait plus de doute, les affirmations de Charland et du chauffeur de taxi étaient démontées. Juste à voir la réaction de la Couronne et des policiers abasourdis, je me réjouissais. Et je remarquais que les jurés, sept hommes et cinq femmes, étaient ébranlés.

Mais je me réjouissais trop vite. Les policiers avaient un délateur dans ce dossier et la Couronne l'a fait témoigner. Il s'agissait de Régis Lachance. Il avait concocté l'incendie criminel du Aloha avec Charland, le témoin principal de la Couronne. Il a révélé que, même s'il était un ami de Fernand Laplante, il se sentait obligé de dire la vérité. À un moment donné, après le double meurtre, Laplante lui avait avoué y avoir participé.

Je l'ai contre-interrogé. Comme je l'avais fait avec le chauffeur de taxi, je suis allé à la pêche aux informations et, pendant ce temps, j'ai remarqué que le sténographe judiciaire Robert Diorio, qui prenait des notes au procès, me regardait drôlement. Il semblait troublé et je devinais qu'il voulait me parler. Aussitôt que le juge a ajourné pour une pause, je l'ai approché.

— Jean-Pierre, en écoutant le témoignage du témoin de la Couronne, je me suis rappelé une scène à laquelle j'ai assisté par mégarde et qui peut avoir une influence sur ce procès. J'ai vérifié dans mon agenda pour être bien certain.

— De quoi parles-tu?

— L'incendie du motel Aloha est survenu le soir du 10 septembre. Ce jour-là, j'avais organisé une visite des employés du palais de justice au tout nouveau poste de police. J'ai alors vu, vers 16 ou 17 heures, entrer un inspecteur en prévention des incendies que je connais bien. Il était en compagnie de Régis Lachance, le témoin délateur, que je connais aussi bien, car c'est un client régulier des tribunaux. J'ai dit à l'enquêteur: «Tu as encore arrêté Régis?» Il m'a répondu, manifestement mal à l'aise: «Tu ne nous as pas vus ici...» En toute conscience, je me devais de te le faire savoir, a précisé Diorio, mais on se comprend, je ne t'ai rien dit...

Pour faire acquitter mon client, il suffisait que je sème un doute sur la preuve de la Couronne. Robert Diorio venait de me refiler la preuve d'un coup monté. Selon les apparences, quelqu'un s'était organisé pour faire arrêter Charland pour cet incendie, le forçant ainsi à venir témoigner au procès. Et son complice dans ce délit avait été vu en compagnie d'un inspecteur en prévention des incendies quelques heures avant le feu!

Pendant que je contre-interrogeais le témoin en ce sens, les policiers avaient des poignards dans les yeux. Et quand le sténographe judiciaire et moi nous promenions dans les corridors plus tard, on a tenté de nous intimider, au point de nous faire des jambettes et de nous donner des coups d'épaule. J'ai même porté plainte officiellement auprès du juge.

— Votre Honneur, depuis qu'on a sorti ces faits devant vous, on nous frappe dans les corridors.

Mais il m'a ignoré.

— Voyons, maître Rancourt, vous n'êtes pas sérieux.

Cette preuve inquiétante de collusion, qu'un autre sténographe judiciaire est venu confirmer à ma demande, car il avait assisté à la visite guidée du poste de police, n'a jamais été dévoilée aux jurés. Le juge n'a pas accepté que cette preuve, dite «de voir-dire» et faite à l'abri du jury, soit déposée.

Je croyais aussi pouvoir gagner ce procès, car, lorsque j'avais contre-interrogé celui sur lequel reposait toute la preuve, c'est-à-dire Jean Charland, je l'avais piégé.

Je me rappelle comme si c'était hier de la stratégie que j'avais employée pour le faire. Je l'avais interrogé pendant près de deux jours dans le box des témoins, lui martelant sans cesse ses déclarations contradictoires. Puis, j'avais fait semblant d'avoir terminé.

— Je n'ai plus de questions à lui poser, Votre Honneur.

Je m'étais assis, puis relevé aussitôt :

— J'ai une dernière question. Monsieur Charland, n'est-il pas exact de dire que vous êtes un menteur?

Il m'avait regardé et avait dit :

— Oui, c'est exact!

J'avais conclu, fier de mon coup, en regardant les jurés.

— J'aurais dû vous poser la question au début!

Il avait acquiescé.

Finalement, Fernand Laplante avait été jugé coupable de meurtre au premier degré et condamné à purger vingt-cinq

ans de pénitencier avant de pouvoir demander une libération conditionnelle.

C'est la seule cause de meurtre que j'ai encore sur le cœur.
Les jurés ont cru le délateur malgré ses contradictions. Ils
n'ont pas tenu compte du témoignage du chauffeur de taxi,
que j'ai démoli. Et ils n'ont pas considéré le fait que le délateur principal avait avoué avoir menti. J'ai eu beau aller en
appel, et jusqu'à la Cour suprême, rien n'y a fait.

C'était ma première véritable confrontation. Je m'étais
battu contre la police, contre l'État. Ils voulaient faire
condamner l'accusé, pensant avoir amassé assez de preuves
pour l'incriminer. C'était un criminel reconnu. C'était
leur devoir, le mien étant de le défendre. Et je venais de
changer complètement la donne en faisant avouer au seul
témoin extérieur au meurtre, le chauffeur de taxi, que mon
client ne portait aucun tatouage, contrairement au suspect qu'il avait transporté. De plus, j'avais en main des éléments de doute selon lesquels les policiers avaient amené
un délateur à mettre le feu pour faire parler leur témoin
principal. Conclusion, évidente pour moi : cet accusé, peu
importe qui il est, ne doit pas être reconnu coupable. Je ne
dis pas qu'il n'a pas commis de meurtre. Je ne dis pas non
plus qu'il n'a pas été impliqué dans d'autres affaires. Mais
je crois fermement que, dans un cas comme celui-ci, trop
d'incertitudes pesaient sur ce procès en raison de la fai-
blesse de la preuve et des manigances douteuses qu'on a
utilisées pour le faire tomber. Bref, je n'en dormais plus la
nuit.

Laplante m'avait répété qu'il était innocent dans cette
affaire. Il ne m'avait pas fait de telles affirmations pour le
meurtre de Carole Fecteau, duquel il était aussi formellement accusé et pour lequel il a subi un autre procès. C'était
encore moi qui le représentais. Je me rappelle que la preuve
de la Couronne n'était pas forte. Cette fois, les jurés ont

délibéré pendant dix heures, le 4 décembre 1979, avant de rendre leur verdict :

— Non coupable !

Laplante a fondu en larmes et a déclaré :

— Justice est bien rendue.

Je venais de recevoir toute une leçon sur le déroulement de la justice. Je venais de gagner une cause où j'étais allé un peu à tâtons, après en avoir perdu une en laquelle j'avais cru dur comme fer. Je venais d'apprendre une règle d'or de ma profession que je n'étais pas près d'oublier : tout repose sur la stratégie et la bagarre. Je n'allais jamais non plus oublier le piège sans issue que j'avais utilisé pour faire avouer au délateur Jean Charland qu'il avait menti. Et j'allais doré-navant me battre bec et ongles pour défendre ceux qui me demanderaient de les représenter.

Je n'ai pas eu à attendre bien longtemps pour mettre ma résolution en pratique. Au beau milieu de ces deux derniers procès, une des causes les plus célèbres des annales judi-ciaires du Québec, l'affaire Charles Marion, avait abouti à l'étude Gérin et Rancourt.

Chapitre 7

Plongé dans l'affaire Marion

Après la bataille féroce qu'ils m'avaient vu mener dans le premier procès de Fernand Laplante, les policiers ont cessé de me référer des clients. J'étais devenu leur ennemi. Et celui de la Couronne. Défendre une personne atteinte de maladie mentale, comme Manuel Levitt, ne les offensait pas. Bien au contraire. Mais défendre un Fernand Laplante, criminel reconnu, comme je venais de le faire, ça ne passait pas. Alors, imaginez leur réaction quand ils m'ont vu arriver dans l'affaire Charles Marion, un dossier qui avait fait mal à l'image de la Sûreté du Québec dans tout le Canada. Il n'était pas question que la Couronne perde ce procès.

Charles Marion, cinquante-sept ans, directeur du crédit à la Caisse populaire de Sherbrooke-Est, avait été enlevé par deux ravisseurs à son chalet, dans le 11ᵉ Rang de Stoke, en Estrie, le 6 août 1977. Séquestré et enchaîné au cou et aux pieds dans un abri souterrain de la région, plus précisément à Gould, par un groupe s'identifiant comme

Les Sept Serpents, il avait été retrouvé vivant quatre-vingt-deux jours plus tard, le 27 octobre. Ce fut l'enlèvement le plus long de toute l'histoire du Canada.

Les ravisseurs exigeaient un million de dollars pour sa libération. Toute l'affaire s'est déroulée à coups de communiqués menaçants et de tentatives de rapprochement. Finalement, il a été libéré grâce à une rançon de 50 000 $ payée par sa famille et livrée par son fils, Pierre.

Auparavant, les reporters Claude Poirier de CKVL et Normand Maltais de CKAC, qui avaient servi d'émissaires, avaient livré deux fausses rançons lors de cafouillages rocambolesques qui avaient entaché l'image des policiers de la Sûreté du Québec. Lors de la première livraison, à l'insu des reporters, les policiers avaient mis du papier dans les deux valises qui devaient contenir 250 000 $. Les ravisseurs avaient réagi et les deux reporters avaient dû faire amende honorable à la télévision avant qu'une deuxième livraison soit prévue. Cette fois, il y avait bien la somme de 500 000 $ dans les valises, mais on y avait caché un système de repérage. Les ravisseurs avaient flairé l'arnaque et n'y avaient pas touché.

Mais ce qui a vraiment rendu l'affaire intrigante et, finalement, célèbre, c'est que, tout au long de ces quatre-vingt-deux jours, les soupçons ont pesé sur les épaules de Charles Marion et de son fils. On les soupçonnait de faire partie du complot d'enlèvement. Les rumeurs publiques étaient tellement insistantes qu'on en avait même fait mention à l'Assemblée nationale du Québec. Puis, quand l'affaire a été résolue, deux médias, le journal *Photo Police* et la télévision de Radio-Canada, ont été condamnés à de très fortes amendes pour avoir propagé ces rumeurs. Ainsi, toute la province de Québec pensait que Marion était impliqué dans l'affaire. Il faut ajouter que, le jour où il avait disparu, on avait trouvé une secrétaire de la Caisse populaire ligotée dans les toilettes de son chalet de Stoke. Quand on a appris qu'elle était sa maîtresse, on a tout de suite pensé qu'elle pouvait être sa complice.

Par ailleurs, à un moment donné, les policiers avaient retrouvé sur le pare-brise d'une ambulance d'Urgences-santé une photo de Marion envoyée par les présumés ravisseurs. On le montrait enchaîné et ensanglanté, comme s'il avait été torturé. Or, les experts qui l'avaient analysée ont conclu que ce n'était pas du sang, mais du ketchup ou de l'encre rouge. Une raison de plus de croire qu'il était peut-être partie prenante dans cette affaire.

L'enquête sur les ravisseurs a finalement débloqué quand un ancien gardien de prison a aperçu un certain Michel de Varennes se trémoussant sur le plancher de danse d'une discothèque de Sherbrooke, alors qu'il était en liberté illégale depuis des lustres. Au moment de son arrestation, l'évadé de prison a tenté d'avaler le billet de 20 $ qu'il avait en sa possession. C'était de l'argent marqué provenant de la rançon de 50 000 $.

Michel de Varennes a été formellement accusé devant les tribunaux et on a arrêté ses présumés complices, Claude et Jeanne Valence, René Chalifoux et Louise Beaudoin, après qu'il les eut dénoncés.

Claude et Jeanne Valence ont sollicité les services de mon bureau pour les défendre. Nous leur avons obtenu un procès conjoint, mais séparément des autres accusés. François Gérin représentait Mme Valence et moi, son mari. Nous étions seulement connus dans notre région, et nous avions l'air de deux jeunes blancs-becs de l'Estrie contre la grosse machine qui devait redorer le blason des policiers et avait grand intérêt à gagner ce procès, largement suivi par tous les médias du pays. La pression était énorme.

Nous nous sentions continuellement suivis. Nous pensions que nous étions probablement sur écoute vingt-quatre heures sur vingt-quatre et nous faisions attention à qui nous parlions, nous nous chuchotions nos informations quand nous étions en public. Et quand nous allions voir nos clients derrière les barreaux, nous ne parlions qu'à eux. Nous avions toujours l'impression d'être épiés. Ce n'était pas pure fantaisie. Nos adversaires se rendaient bien compte que, pour faire acquitter nos clients, nous allions utiliser une arme évidente dans cette affaire : les rumeurs qu'avaient propagées malencontreusement les policiers selon lesquelles Charles Marion avait organisé son enlèvement.

Nous avions appris comment Michel de Varennes avait vendu tous ses complices. Nos espions nous avaient raconté que des policiers l'avaient amené dans un bois pour le faire parler, laissant entendre qu'il ne s'en sortirait pas à moins de tout avouer. Il s'était alors mis à table et les avait tous dénoncés.

Il avait raconté que Claude Valence était avec lui lors des première et troisième remises de rançon – celle de 50 000 $ – mais pas pour la deuxième.

Par l'entremise de détenus de la prison où il était gardé, Michel de Varennes nous a laissé savoir qu'il regrettait d'avoir fait une déclaration à la police, qu'il n'aimait pas les délateurs et n'en était pas un, puis il nous a tendu une perche : que pouvait-il faire pour nous aider dans notre défense ? Bien que tentés, nous n'avions pas le droit de répondre favorablement à sa demande. Et nous ne l'avons pas fait.

Mais, surprise ! Lorsqu'il a témoigné à l'enquête préliminaire devant le juge Benoit Turmel, il n'a pas renié sa déclaration, il en a même rajouté. Il a affirmé sous serment que, contrairement à ce qu'il avait dit préalablement aux policiers, Claude Valence était aussi présent avec lui lors de la deuxième tentative de remise de rançon. Me Gérin et moi avons sauté de joie. Nous avions un alibi parfait pour

Valence, ce jour-là. Cette information étonnante allait nous aider énormément lors du procès.

Autre élément inattendu qui allait aider notre défense : Claude Valence, de son propre chef, nous a fait savoir qu'il désirait parler publiquement de sa cause, comme cela se faisait régulièrement aux États-Unis, mais rarement ici. Il a décidé d'écrire une lettre de sa prison et nous a demandé comment la rendre publique. Nous avons averti la station de télévision CKSH, à Sherbrooke, que notre client allait leur faire parvenir une lettre exclusive et, à partir du lundi soir suivant, cette station a annoncé tous les jours aux nouvelles de 17 heures qu'un document explosif touchant l'affaire Marion allait être dévoilé le vendredi soir suivant.

Étonnamment, malgré ces annonces quotidiennes à la télévision, ni les policiers ni les autorités ne sont intervenus. Le vendredi soir en question, les rues de Sherbrooke et des municipalités environnantes étaient désertes. Tous étaient rivés devant leur téléviseur pour entendre Claude Valence soulever des questions qu'il se promettait de poser à Charles Marion lors de son procès.

— Pourquoi étais-tu si bronzé quand tu as été supposément libéré de ton cachot souterrain de Gould ? Pourquoi tu n'avais pas de marques aux poignets et au cou alors que tu étais censé être enchaîné ?

Cette lettre a eu l'effet d'une bombe dans les Cantons-de-l'Est. Réaction immédiate : Marion était impliqué. Et d'innombrables individus ont spontanément déclaré avoir vu Marion, barbu, se promener librement dans la municipalité de Saint-Malo, près de Lac-Mégantic, alors qu'il était supposément séquestré sous terre.

Nous avons engagé un détective privé, qui a enquêté dans le coin. Il n'a eu aucune difficulté à trouver des gens pour affirmer dur comme fer qu'ils avaient vu Marion durant sa prétendue captivité. Notre détective s'est présenté dans les hôtels, les restaurants et les commerces, et il a effectivement rencontré de nombreux citoyens qui se vantaient d'avoir vu Marion en chair et en os, bien vivant. L'un d'eux l'avait vu, tout barbu, au dépotoir. Il s'en était vanté à l'hôtel et au village. Un autre s'en était vanté à sa famille.

Le ministère public a réagi : il a déposé une requête devant un juge de la Cour supérieure pour que le procès du couple Valence ait lieu dans un autre district judiciaire que Sherbrooke. Et le juge a décidé que ce serait à Montréal.

Me Gérin et moi sommes tout de suite intervenus. Nous avons expliqué que nous ne pouvions pas aller à Montréal ; nous étions un jeune bureau d'avocats et nous n'avions pas les moyens de laisser tomber notre clientèle grandissante ni de nous exiler au palais de justice de Montréal pour un procès qui promettait d'être très long.

Le juge nous a fait venir dans son bureau en compagnie des représentants de la Couronne. Il savait qu'on défendait les Valence sur des mandats de l'aide juridique.

— Combien gagnez-vous par jour pour un procès devant jury avec l'aide juridique ? nous a-t-il demandé.

— Trois cents dollars par jour, Votre Honneur.

— D'accord. Je vais inclure dans mon ordonnance que le ministère vous paye le double, soit 600 $ par jour. Je vais aussi ordonner que le ministère rembourse les coûts pour vos chambres d'hôtel, vos déplacements et vos repas.

— Votre Honneur, peut-on se permettre une autre demande ?

— Allez-y.

— On aimerait avoir accès à un bureau au palais de justice de Montréal. Ça nous prend une secrétaire et de l'équipement pour travailler.

— Je vais ordonner au greffier de vous trouver un bureau au palais de justice de Montréal.

Et il est allé encore plus loin.

— Je vais aussi ordonner que les audiences commencent
à 14 heures les lundis et se terminent à midi les vendredis
pour que vous puissiez vous occuper de vos autres causes
à Sherbrooke. Et je vais demander au juge Benoit Turmel
qu'il s'organise pour que toutes vos causes soient réunies en
même temps afin de vous permettre de vous concentrer sur
le procès de Montréal.

Il y avait un local libre devant la salle d'audience où devait
avoir lieu le procès. Il a été aménagé et on en a hérité, à notre
grande satisfaction. D'autant plus qu'un tel privilège n'avait
jamais été accordé et qu'il ne l'a jamais plus été depuis.

Nous étions euphoriques. Sa décision était justifiable, car
nous avions vraiment un volume considérable de clients à
notre bureau. Mais jamais nous n'avions rêvé de voir nos
demandes satisfaites à ce point !

Le samedi précédant l'ouverture du procès, qui allait
durer près de trois mois, nos conjointes respectives nous
ont emmenés à Montréal avec nos boîtes de documents et
nous nous sommes préparés pour le lundi suivant, fourbis-
sant nos armes pour la guerre.

C'est donc gonflés à bloc que deux jeunes campagnards
se sont présentés au procès le plus médiatisé du Canada.
Avec comme seule mission de laisser planer un doute sur la
participation de Marion dans son propre enlèvement, pour
tenter de blanchir les deux accusés, le couple Valence.

Ce jour-là, lundi 2 octobre 1978, dans la salle d'audience,
qu'avons-nous vu ? Un mur complet de pièces à conviction !
Des cagoules, des mitraillettes et toutes sortes d'objets que
la Couronne allait manifestement mettre en preuve.

Le juge Marc Beauregard est entré dans la salle d'audience. On se préparait à commencer à faire le choix de
jurés. Je suis intervenu :

— Votre Honneur, qu'est-ce que c'est que cette démonstration de force ? Des cagoules et des objets qui ne seront

peut-être jamais déposés devant les jurés? Allez-vous permettre cela?

— Vous avez raison!

Il a ordonné à la Couronne de faire sortir toutes les pièces à conviction et de les déposer en sécurité dans une pièce prévue à cet usage.

— Vous les apporterez devant le tribunal une à la fois, selon votre preuve, a-t-il demandé aux représentants de la Couronne.

On a choisi les jurés et, lorsque le procès a commencé, la Couronne, représentée par Me Pierre Sauvé, a appelé son premier témoin. Il s'agissait d'un policier qui déposait en preuve des photos de l'abri souterrain où Charles Marion avait été enfermé.

— Voici une photo de la cache vue de l'entrée, a-t-il dit. Voici la cache à l'intérieur…

Je l'ai écouté attentivement. J'ai examiné les photos une à une. Je n'avais pas de question à poser en contre-interrogatoire. Mais, pour la forme, je me suis levé.

— Êtes-vous bien certain que vous n'êtes pas entrés dans la cache avant de prendre la première photo?

— Non, non, maître, on n'est pas entrés avant.

— Comment se fait-il alors que cette canette, que je pointe du doigt, est déplacée d'une photo à l'autre?

— Euh, je ne sais pas…

— Mais vous dites que vous n'êtes pas entrés dans la cache avant la prise des photos et deux photos contredisent vos dires. Il a fallu que quelqu'un entre avant, non? La canette ne s'est pas déplacée toute seule…

— Euh…

Une bien petite victoire pour la première journée. Mais ce n'était que le commencement. Le soir venu, nous avons regardé les nouvelles à Radio-Canada pour voir si on parlait de notre procès, même s'il ne s'était rien passé. «Coup de théâtre dans l'affaire Marion! L'avocat de la défense a mis en contradiction le policier venu déposer les photos de la cache où a été emprisonné Charles Marion durant quatre-vingt-deux jours!»

On y a fait un *show* d'une dizaine de minutes sur mon intervention pourtant bien humble. Je me suis tourné vers mon associé.

— Peux-tu m'expliquer ce qu'on a pu faire pour mériter une telle manchette?

Nous avons ri.

Le lendemain matin, dès l'ouverture des audiences, le juge a convoqué toutes les parties à son bureau, y compris les principaux journalistes qui couvraient le procès.

— Écoutez-moi bien, on ne peut pas commencer ce procès de cette manière, a-t-il affirmé, bouleversé. Hier, a-t-il dit aux journalistes, vous avez fait un spectacle terrible pour une intervention minime et sans conséquence. Ça va aller jusqu'où quand ça va devenir sérieux? Vous allez vous calmer, j'espère. Ce que j'ai vu hier soir à la télé ne reflète pas ce qui s'est passé.

C'est ainsi qu'a commencé notre défense du couple Valence: sur les chapeaux de roue. Puis le calme est revenu. La Couronne a déposé sa preuve. Cela a duré environ deux mois. L'essentiel de cette preuve reposait sur les nombreux communiqués envoyés à la police par les ravisseurs durant l'enlèvement, les demandes de rançon et les expertises d'écriture démontrant que Jeanne Valence en était l'auteure. On a fait témoigner le reporter Claude Poirier, qui est venu confirmer qu'il y avait bien deux ravisseurs lors de la deuxième tentative de remise de rançon. On a aussi fait témoigner Charles Marion, qui a insisté sur le fait qu'il n'avait rien à voir dans cette affaire, qu'il en avait été victime et qu'il en était ressorti traumatisé.

Enfin, on a voulu faire témoigner Michel de Varennes. C'était le témoin important de la Couronne et on le craignait. Nous nous promettions de le contre-interroger en insistant sur le fait que notre client n'était pas présent lors de la deuxième tentative de remise de rançon. Nous avions un alibi solide. Il avait affirmé le contraire lors de l'enquête préliminaire.

Entre-temps, Me Raymond Daoust, le plus célèbre des criminalistes de l'époque, nous avait contactés. Il avait des intérêts dans le journal *Photo Police*, lequel était sous le coup d'une poursuite d'un million à la suite d'allégations voulant que Charles Marion pouvait être impliqué dans son propre enlèvement. Il nous avait offert son aide, étant évidemment intéressé à ce que nous gagnions notre cause, ce qui aurait aidé sa publication. Nous lui avions dit que si de Varennes était représenté par un avocat avec qui nous pourrions discuter, cela nous aiderait. Me Gérin et moi, je l'ai déjà souligné, venions de l'extérieur de Montréal et nous n'osions parler de notre cause à qui que ce soit, de crainte que cela se retourne contre nous. Un autre criminaliste fort connu est donc entré dans le dossier pour assister l'avocat de Sherbrooke qui représentait Michel de Varennes : Me Robert La Haye. Avocat discret mais terriblement efficace, Me La Haye nous a juste laissé entendre que son client ne voulait pas passer pour un délateur et qu'il hésitait à venir témoigner contre ses complices.

Quand de Varennes s'est finalement présenté à la barre, il avait un papier dans les mains, qu'il a lu à haute voix.

— En vertu de mes droits constitutionnels, et comme je suis accusé dans ce dossier, j'ai décidé de ne pas témoigner.

— Un instant, a répliqué le juge. Ce n'est pas à vous de décider de ne pas témoigner. Avant que je vous condamne pour outrage au tribunal si vous persistez dans cette voie, veuillez consulter votre avocat.

— Mais mon avocat n'est pas ici, Votre Honneur...

C'était vrai. Ce matin-là, son avocat de Sherbrooke était remplacé par son associé.

— Ce n'est pas votre avocat que je vois devant moi ? lui a demandé le juge.

— Non, a répondu de Varennes, mon avocat, c'est Me Robert La Haye.

Me La Haye a alors été convoqué devant le tribunal. Quand il s'est présenté, le juge lui a demandé.

— Maître La Haye, M. de Varennes est bien votre client ?

— Oui, Votre Honneur.

— Faites sortir l'avocat de Sherbrooke et procédez. Consultez votre client, il dit qu'il ne veut pas témoigner. Expliquez-lui les conséquences de sa décision.

Le juge a ajourné l'audience pour que Me La Haye puisse parler à de Varennes. Quand les audiences ont repris, le juge a demandé :

— Alors, monsieur de Varennes, êtes-vous prêt à témoigner ?

— Non. Si vous voulez en savoir plus, demandez au président Charles...

Et il a regardé Charles Marion, qui se trouvait dans l'assistance.

J'étais assis tout près et j'ai bien compris : « Demandez au président Charles... »

— As-tu entendu ça ? ai-je demandé à mon associé, tout excité.

— Non.

L'audience a de nouveau été ajournée et le juge a annoncé qu'il rendrait sa sentence pour outrage au tribunal à la reprise.

Dans le corridor, j'ai rencontré Roger Guil, un journaliste chevronné qui a couvert le palais de justice de Montréal toute sa vie.

— Avez-vous entendu ce que le témoin a déclaré : « Président Charles… » ?

— Oui, lui ai-je dit, mais personne d'autre ne semble l'avoir entendu.

Je suis allé rencontrer la sténographe qui était d'office au procès pour lui demander ce que de Varennes avait dit. Elle m'a répondu :

— Il a dit : « Si vous voulez en savoir plus, demandez au président en charge… »

J'avais manifestement mal compris. J'étais certain d'avoir entendu « Charles ». J'ai donc lu le reportage du journaliste dans l'hebdomadaire *Photo Police* et il n'avait pas écrit « Charles », mais « en charge ». Il devait avoir raison. Cette déclaration m'aurait servi d'arme massue pour défendre mes clients.

Le lundi suivant, quand le procès a recommencé, un gardien de prison m'a accosté au palais de justice et m'a appris qu'un détenu voulait me parler. Je suis descendu aux cellules et le détenu en question m'a lancé :

— De Varennes te fait dire qu'il a lu le journal durant le week-end et que ce n'est pas ce que le journaliste a écrit qu'il a dit devant le tribunal. Il a plutôt dit : « Demandez au président Charles… »

Cela n'est pas tombé dans l'oreille d'un sourd. C'était certain que j'allais me servir de cette déclaration tendancieuse lors de ma plaidoirie. J'ai donc demandé à voir le juge pour lui parler de la controverse. J'ai voulu savoir si on pouvait écouter les bandes magnétiques qui enregistrent tout ce qui se dit lors des procès.

— La sténographe, Votre Honneur, m'a dit qu'elle avait entendu : « Demandez au président en charge », mais j'ai reçu d'autres informations contradictoires.

— Il vous faut la permission du juge en chef, m'a-t-il expliqué. Je vais vous accompagner.

Le juge nous a accordé la permission et nous avons pu écouter les bandes en compagnie de techniciens. Le témoin avait bien dit : « Demandez au président Charles », pas « au président en charge ». J'avais une autre arme majeure en main pour la défense de nos clients.

Toute la preuve de la Couronne reposait sur le fait que Jeanne Valence, d'après un expert en écriture, avait rédigé tous les communiqués des ravisseurs. Son mari avait été complice de de Varennes dans l'exécution de l'enlèvement. Claude Valence était donc sous le coup de cinq chefs d'accusation : complot d'enlèvement, enlèvement, séquestration, tentative d'extorsion contre la Caisse populaire de Sherbrooke-Est et extorsion envers la famille. Il n'avait pas de passé criminel, mais il avait admis faire partie du complot quand les policiers lui avaient montré la déclaration de Michel de Varennes l'incriminant.

Puisque de Varennes avait refusé de témoigner, la Couronne avait aussi déposé en preuve la déclaration qu'il avait faite à l'enquête préliminaire, où il affirmait que Claude Valence était avec lui lors de la deuxième remise de rançon. J'ai fait semblant de m'objecter à la déposition de cette déclaration, mais c'était pour la forme. Je détenais la clé de ma plaidoirie à venir.

J'ai donc commencé ma défense en faisant témoigner au moins trois des citoyens qui avaient confirmé à notre enquêteur avoir bel et bien vu Charles Marion, au dépotoir, au restaurant et près d'un bois de la région.

La Couronne a évidemment mitraillé ces témoins crédibles.

— Vous êtes bien certain que c'était M. Marion ? Pouvez-vous jurer que c'était lui ?

— Non, ont-ils tous répondu. Mais j'étais certain que c'était lui. Ça lui ressemblait tellement que je l'ai répété à tous mes amis et à toute ma famille.

Puis, j'ai fait témoigner plusieurs parents et amis de Claude Valence, qui ont tous juré que, le soir de la deuxième tentative de remise de rançon, il ne pouvait pas être avec Michel de Varennes. C'était la fête de sa femme, Jeanne, et tous les membres de la famille s'étaient présentés à leur demeure de Notre-Dame-des-Bois. Ils s'en souvenaient, d'autant plus qu'il y avait ce soir-là, à la télévision, un important combat de boxe qu'ils avaient tous regardé.

Après avoir semé ces doutes dans l'esprit des jurés, il fallait que je fasse témoigner mon client. Il se devait de s'expliquer. Il avait fait une déclaration compromettante à la police et il devait venir s'amender. Mais, têtu, il ne voulait pas comprendre que c'était dans son intérêt de le faire. Nous avons eu beau passer un week-end à lui expliquer comment il devrait se comporter devant les jurés, nous avons décidé de ne pas le citer immédiatement et de faire témoigner d'abord son épouse, Jeanne, une personne moins nerveuse et plus cartésienne.

Le matin de son témoignage, mon partenaire s'est levé et a déclaré au juge qu'il allait faire témoigner sa cliente. Me Pierre Sauvé a sursauté, s'est levé d'un bond et est intervenu :

— Maître Rancourt, vous n'avez pas annoncé avoir terminé votre défense. Avez-vous fini ?

— Pas nécessairement, maître Sauvé, je m'occupe de mon client et Me Gérin du sien. Au début, nous avions demandé que nos clients subissent des procès séparés, mais notre demande a été refusée. Je m'occupe donc de Claude Valence et Me Gérin de son épouse.

Le juge Marc Beauregard a expliqué à Me Sauvé que, puisque le couple était accusé ensemble, nous avions le droit de faire entendre des témoins et qu'il ne pouvait me forcer à clore ma défense. Me Sauvé a donc demandé un ajournement et, quand il est revenu, il a pris tout le monde par surprise en déposant une motion de *nolle prosequi*, une procédure exceptionnelle qui a mis immédiatement fin au procès contre Jeanne Valence. Nous avons demandé à notre tour un ajournement, et Me Gérin, fin stratège, a sauté sur l'occasion.

— Il faut profiter au maximum de cette tournure inattendue. Depuis deux mois, la Couronne prétend que Mme Valence est aussi coupable que son mari, et là, on laisse tomber les accusations. Il faut insister pour que le juge explique noir sur blanc ce que cela signifie. C'est une occasion unique. Il faut que les jurés se demandent pourquoi, tout à coup, Mme Valence n'est plus coupable, sans plus d'explications. Et qu'ils s'interrogent : si elle n'est plus impliquée dans cette affaire, en est-il de même pour son mari ? Préparons une mise en scène théâtrale et croisons les doigts pour qu'elle réussisse.

Dès que l'audience a repris, j'ai donc demandé au juge d'expliquer la procédure de *nolle prosequi* aux jurés. Il s'est exécuté, mais il ne pouvait aller trop loin :

— C'est une procédure exceptionnelle. Le ministère public a le droit, en tout temps, d'arrêter un procès sans fournir de raisons, quitte à en ordonner un autre plus tard.

Me Gérin s'est levé et a réussi à appliquer notre plan mélodramatique à la perfection :

— Votre Honneur, cela signifie-t-il qu'il n'y a plus d'accusations contre ma cliente ?

— C'est exact.

— Cela veut-il dire que madame n'est plus accusée ?

— En effet, je viens de vous le dire.

— Et les 50 000 $ que madame a déposés comme caution pour sa liberté, peut-elle les récupérer ?

— Oui, elle n'a qu'à aller les chercher au greffe, elle n'a en effet plus besoin de cautionnement.

— Donc, Votre Honneur, on peut quitter la salle ?

— Oui, oui, vous pouvez vous en aller. C'est terminé pour elle.

Me Gérin m'a alors théâtralement donné la main, il a fait signe à Jeanne Valence de le suivre et ils sont sortis bras dessus, bras dessous de la salle d'audience, la tête haute.

Imaginez la réaction des jurés. Pensez à l'effet que cette mise en scène a pu avoir sur la décision qu'ils auraient à prendre plus tard contre mon client.

Avant de clore ma défense de Claude Valence, je n'avais d'autre choix que de le faire témoigner. Il l'a fait plus ou moins bien. Il a déclaré que, oui, il avait signé une déclaration de culpabilité, mais que c'étaient les policiers qui la lui avaient majoritairement dictée. Il a avoué qu'il avait été approché par de Varennes pour extorquer de l'argent de l'employeur de Marion, la Caisse populaire de Sherbrooke-Est, mais qu'il avait toujours pensé que Charles Marion faisait partie du complot. Il a dit qu'il n'avait jamais enlevé personne et n'avait jamais été à la cache où l'on prétendait que Marion était détenu. Selon lui, c'était de Varennes qui s'occupait de cet aspect de l'affaire.

— J'ai participé à l'extorsion, a-t-il expliqué, mais je n'ai jamais enlevé ni détenu personne. Je pensais que Charles était du coup.

Quand est venu le jour de ma plaidoirie, le juge m'a demandé, avant que les jurés se présentent dans la salle d'audience :

— Maître Rancourt, avez-vous écouté les bandes magnétiques ? Avez-vous découvert que de Varennes disait bien : « Si vous voulez en savoir plus, demandez au président Charles » ?

— Oui, Votre Honneur.

— Qu'entendez-vous faire avec cela ?

— Je vais m'en servir. Je vais les faire écouter aux jurés.

— Un instant, a-t-il répondu. Je ne sais pas si vous pouvez vous en servir.

— Mais, Votre Honneur, c'est le point fort de ma défense. C'est aux jurés d'évaluer et de décider. J'insiste.

Le juge a ajourné. J'espérais qu'il avait écouté les bandes. Quand il est revenu, il s'est adressé directement à moi.

— Plus besoin d'argumenter, maître Rancourt, vous pouvez vous en servir. Vous expliquerez aux jurés que ce sera à eux de trancher.

J'ai plaidé durant tout l'avant-midi. J'ai insisté sur le fait que mon client ne pouvait être reconnu coupable de quatre des chefs d'accusation portés contre lui, car, je l'avais démontré, il n'était pas de la deuxième tentative de remise de rançon, ce qui enlevait toute crédibilité à la déclaration incriminante de son délateur, Michel de Varennes. Puis, j'ai avisé les jurés qu'on en avait encore pour au moins l'après-midi.

— Mais avant d'aller dîner, je vais vous faire écouter quelque chose.

J'ai demandé à la greffière de faire démarrer la bobine contenant la fameuse déclaration.

« Si vous voulez en savoir plus, demandez au président Charles… », entendait-on très clairement dans la salle d'audience.

— Je vous l'avais dit ! s'est écrié le journaliste Roger Guil, en pleine cour. Oui, oui, oui !

Le juge est intervenu.

— Silence ! a-t-il crié en frappant avec son maillet sur le bureau. Je vous demande de garder le silence.

J'ai regardé la greffière et lui ai demandé de repasser la bande. Trois fois en tout. Et j'ai terminé :

— On peut maintenant aller dîner.

Au retour, j'ai plaidé tout l'après-midi. J'ai attiré l'attention des jurés sur les soupçons qui planaient sur cette affaire. Étaient-ils convaincus que Charles Marion ne faisait pas partie d'un complot ? Ce que croyait probablement mon client. Si tel était le cas, ce n'était pas un véritable enlèvement. Il ne pouvait pas être reconnu coupable d'enlèvement et de séquestration. Puis j'ai ajourné au lendemain, car je n'avais pas terminé ma plaidoirie.

— Avant de partir, je vais vous faire entendre quelque chose.

Et j'ai repassé la bobine encore trois fois.

Le lendemain, j'ai mis un point final à ma défense. J'ai affirmé que la seule culpabilité de mon client était d'avoir accepté la rançon de 50 000 $ payé à la famille Marion et remise par le fils, car il l'avait admis devant eux. Et j'ai refait entendre la bobine. À trois reprises.

J'ai terminé en disant aux jurés :

— De deux choses l'une, mesdames et messieurs. Ou M. Marion était partie prenante de son propre enlèvement, ou mon client pensait qu'il l'était. Vous devez donc l'acquitter sur quatre des chefs d'accusation. Le seul chef d'accusation que vous pouvez retenir contre lui, c'est l'extorsion de 50 000 $ contre la famille puisqu'il l'a admis.

J'étais allé à la limite, je le savais. Mais c'est comme cela qu'un avocat doit défendre un client, jusqu'au bout. Ma plaidoirie terminée, ce fut au tour de Me Sauvé de faire la sienne. Et il a évidemment plaidé que mon client était coupable sous tous les chefs d'accusation.

Le procès avait duré presque trois mois. On était le 23 décembre, à deux jours de Noël. Le juge a alors expliqué aux jurés que le procès n'était pas terminé, qu'il devait maintenant préparer l'adresse dans laquelle il leur préciserait les points de droit à considérer avant qu'ils se retirent et se consultent pour en arriver à un verdict. Et il a reporté le tout au 26 décembre.

Ce jour-là, il leur a expliqué que tout accusé a droit à un procès juste et équitable, et qu'il ne peut être jugé coupable si persiste le moindre doute raisonnable sur sa participation aux crimes reprochés. Il a résumé toute la preuve, comme c'est toujours de mise, et quand il est arrivé à l'extorsion de 50 000 $ contre la famille Marion, il a dit :

— Je n'ai rien à souligner à cet effet, puisque Me Rancourt a reconnu que son client y avait participé.

Les jurés se sont retirés pour délibérer. L'attente a duré plusieurs jours, interminable, stressante. Le 31 décembre, on pensait qu'ils en arriveraient à un verdict. On est allés souper et on est tous revenus au palais de justice fébriles, certains qu'on connaîtrait enfin le résultat de nos efforts. Mais ils nous ont fait savoir qu'ils se retiraient pour la nuit.

Le lendemain matin, des gardiens nous ont raconté que, lorsqu'ils étaient revenus à leur salle de délibération, ils avaient toujours sur la tête des chapeaux de carton témoignant qu'ils avaient fêté ensemble l'arrivée du Nouvel An, comme tout le monde.

Ce jour-là, le juge a reçu un message de leur part. Un des leurs ne se sentait pas bien. Il avait des problèmes cardiaques et il désirait être excusé. Le juge Beauregard nous a reçus, Me Sauvé et moi, dans son bureau, pour nous en avertir. J'ai tout de suite dit au juge que ça n'avait aucun sens qu'on libère un juré après tous ces mois de témoignages et ces longues journées de délibérations. Que cela appelait un *mistrial*, c'est-à-dire l'arrêt de toutes les procédures, et j'en ai fait une requête. Que le procès devait être reporté et recommencé au complet. Ce qui, pour Me Gérin et moi, aurait été une énorme réussite. Le juge a rejeté cette requête. Les jurés ont donc continué à délibérer, et c'est finalement le 2 janvier qu'on a appris qu'ils en étaient arrivés à une décision.

L'atmosphère, ce jour-là, était électrique. Des journalistes, des photographes et des caméramans de tout le Canada se bousculaient dans le corridor attenant à la salle d'audience. Les gardiens du palais de justice avaient dû fouiller la foule nombreuse venue assister au verdict, ce qui avait pris plus d'une heure. Notre bureau étant situé en face de la salle d'audience, nous avions dû être escortés pour y accéder.

Dans le box des accusés, Claude Valence tremblait comme une feuille. Sa femme, fébrile, se trouvait dans la salle d'audience, tout comme mon père, ma mère et des dizaines d'amis, tous tendus comme des cordes de violon, et l'image était faible. C'était le verdict de notre vie. On n'était pas gros dans nos souliers. Le greffier a demandé au président du jury s'ils en étaient arrivés à un verdict unanime. Celui-ci a répondu par l'affirmative et il a rendu leur verdict, chef par chef.

— Complot d'enlèvement : non coupable !

Un tollé d'applaudissements et de cris a accueilli cette décision, ce qui a soulevé l'ire du magistrat.

— Je vous ai avertis avant le verdict, j'exige le silence durant cette procédure et je ne le répéterai pas, a tonné le juge. Si quelqu'un va à l'encontre de cet avertissement, il sera chassé de la salle, c'est compris ?

— Enlèvement : non coupable !

— Séquestration : non coupable !

— Tentative d'extorsion contre la Caisse populaire de Sherbrooke-Est : non coupable !

— Finalement, extorsion de 50 000 $ envers la famille Marion : coupable !

Quatre acquittements ! Valence était déclaré coupable sur la seule accusation que nous avions reconnue. Une véritable bombe pour les médias et le public. Une énorme victoire pour nous. Une émotion indescriptible. Une décharge d'adrénaline aussi forte que lorsqu'on marque le but gagnant en période supplémentaire lors du septième match de la finale de la coupe Stanley, un peu comme l'a fait Yvon Lambert en 1979, contre les Bruins de Boston ; pas une journée ne s'écoule sans qu'il en parle…

Pendant que les gens fêtaient dans la salle, j'ai demandé un ajournement pour consulter notre client. En fait, j'étais à bout, il me fallait faire une pause. Je me suis réfugié dans notre bureau. Me Gérin et moi étions tellement surexcités que nous avons saisi une bouteille de cognac et en avons pris de bonnes rasades pour revenir sur terre. Enfin calmés, nous sommes revenus devant le tribunal et j'ai demandé que la sentence soit reportée, ce qui nous a été accordé. Notre client est retourné en prison et on est tous sortis de la salle d'audience.

Il était alors 15 heures, c'était la pagaille autour de nous. Tout le monde nous félicitait, nous tapait dans le dos. Nos parents et amis ne cessaient de nous embrasser, de nous complimenter. Tous les journalistes voulaient nous interviewer. C'était tellement fou et tellement difficile pour eux, que l'un d'eux a décidé d'interviewer… mon père ! C'était un reporter de CBC, le réseau anglophone de Radio-Canada, et mon père ne parlait pas très bien la langue de Shakespeare.

On lui a demandé comment il se sentait.

— C'est le deuxième plus beau jour de ma vie ! a-t-il répondu.

— Et c'était quand, l'autre jour ? a demandé le reporter.

— Quand mon fils est né…

J'ai donné des interviews pendant des heures et, le lendemain, la nouvelle faisait les manchettes pleine page du *Journal de Montréal*. On nous voyait, Me Gérin, Mme Valence, mon chauffeur Arthur Dubuc et moi, sortant triomphants du palais de justice. Nous étions aussi en première page de *La Presse*, mais, sur la photo, on voit tout le monde sauf moi. On ne voit que ma main !

Notre résidence temporaire, durant tout le procès, était l'hôtel Quality Inn, rue Sherbrooke Ouest, à Montréal. Le même soir, vers 19 heures, alors que nous fêtions notre victoire avec parents et amis, j'ai reçu un appel qui m'a estomaqué. C'était le caporal Yvon Fauchon, l'enquêteur principal de la Sûreté du Québec dans l'affaire Marion. Il était en compagnie de son partenaire et de Me Pierre Sauvé, le procureur au dossier. Il m'invitait à prendre un verre pour me féliciter de mon travail. Fauchon et ses enquêteurs étaient nos ennemis. Ils ne nous aimaient pas. Ils ne nous avaient jamais adressé la parole, et, dans leurs regards, nous ne voyions que des flèches. Leur seule condition : ils ne voulaient pas voir Me Gérin.

J'ai hésité. Après la guerre de nerfs qu'on s'était livrée, je me demandais si on ne m'invitait pas dans un guet-apens, surtout qu'ils insistaient pour que mon partenaire n'y soit pas. Je suis allé les rencontrer au bureau des procureurs au palais de justice et, pour assurer ma protection, je me suis fait accompagner par mon chauffeur et homme de confiance, Arthur Dubuc. Mes appréhensions étaient non fondées. Nous avons été reçus très cordialement autour d'un verre de champagne. Ils m'ont félicité pour mon travail et m'ont expliqué qu'ils n'avaient pas invité mon partenaire parce qu'ils n'avaient pas apprécié le tour de passe-passe de la libération de Mme Valence en plein procès.

Le lendemain, j'avais une longue liste d'entrevues à faire à la radio et à la télévision. La première entrevue était prévue pour 6 h 15 à Radio-Canada. J'ai sauté dans un taxi pour m'y rendre et, en embarquant dans la voiture, j'ai vu sur la banquette avant une copie du *Journal de Montréal*. J'ai demandé au chauffeur si je pouvais y jeter un coup d'œil. Ce fut le choc! Nous étions en première page. Mettez-vous à ma place : j'avais vingt-neuf ans, j'étais un tout jeune avocat et je faisais les manchettes. Le chauffeur, qui ne m'avait pas reconnu, m'a dit :

— Les avocats, dans cette affaire, ont fait toute une *job*, monsieur!

J'ai répondu, un peu mal à l'aise, mais fier comme un paon :

— Oui, monsieur. Toute une *job* !

* * *

La Couronne a demandé d'aller en appel sur les quatre acquittements. J'ai fait de même pour le verdict de culpabilité, devant le célèbre juge Antonio Lamer. Devant la Cour d'appel, j'ai demandé que Claude Valence obtienne un cautionnement en attendant les verdicts. La Couronne s'y est évidemment opposée, affirmant que la demande était ridicule. J'étais allé en appel sur le fait que le juge avait erré dans ses explications aux jurés sur le seul chef d'accusation qui justifiait, selon moi, que les jurés le reconnaissent coupable, ce que je leur avais expliqué. Le juge Lamer m'avait donné raison, précisant que c'était le devoir du juge d'exposer en détail aux jurés les éléments essentiels de l'infraction reprochée, et il ne l'a pas fait. Il a donc autorisé la libération de Valence.

En attendant les nouvelles procédures contre lui, Valence, alors libre comme l'air, s'est mis à faire des déclarations aux médias, ce qui m'a contrarié, car je l'avais incité à ne pas le faire. Il avait gagné 80 % de sa cause et ce n'était pas le temps de refaire sa défense en public. Il ne m'écoutait tout simplement pas. Un bon matin, je l'ai fait venir à mon bureau. Je l'ai averti que je ne voulais plus le représenter. Qu'il aurait à se trouver un nouvel avocat.

Finalement, il a été condamné à six ans de pénitencier. Sa femme, Jeanne, qu'on avait accusée à nouveau, a été condamnée à trois ans. Et l'instigateur de toute l'affaire, Michel de Varennes, a écopé de douze ans. Les deux autres accusés s'en sont tirés beaucoup mieux. René Chalifoux n'a été condamné qu'à six mois moins un jour dans une prison provinciale puisqu'il avait collaboré avec la police et Louise Beaudoin, l'amie de cœur de de Varennes, a obtenu un sursis de sentence.

Chapitre 8

Après le nuage, la réalité

Après avoir vécu sur un nuage pendant des mois, il était temps de retourner à Sherbrooke. J'avais déjà trois importantes causes devant jurés derrière moi et le hasard allait faire que, même dans ma pratique de tous les jours, j'allais en plaider probablement plus que tout autre criminaliste au Québec.

Notre jeune bureau avait déjà un volume impressionnant de causes. En plus de nos nouveaux clients solvables, nous représentions beaucoup de clients admissibles à l'aide juridique. Que ce soit pour une cause de conduite avec facultés affaiblies, une introduction par effraction ou un vol de banque, on défendait tous les clients du coin accusés de délits criminels. Quand nous arrivions à la cour, la moitié des causes au rôle du jour étaient à nous.

Le temps où les policiers nous référaient des clients était révolu. Encore plus depuis l'affaire Marion. Nous étions devenus leurs ennemis et cela n'avait pour effet que de renforcer notre réputation. De nouveaux jeunes criminalistes arrivaient dans la région et les policiers leur envoyaient des clients, sachant qu'ils négocieraient pour éviter des procès. Pas nous. Nous étions des guerriers, et les clients savaient que nous nous battrions corps et âme pour eux. Rarement nous négociions des ententes. Et si tel était le cas, c'était toujours dans l'intérêt de nos clients. Sinon, nous allions en procès et nous visions l'acquittement.

À l'époque, le problème était qu'il n'y avait à Sherbrooke qu'un seul juge, l'honorable Benoit Turmel. Un seul juge pour un volume impressionnant de causes et, qui plus est, un juge qui n'était pas reconnu comme un « acquitteux », pour employer le genre de termes populistes qu'il affectionnait. Il n'était pas sévère sur le plan des sentences, mais il n'avait pas le bénéfice du doute raisonnable facile. Pour lui, un accusé était jugé coupable dès le début. Alors, dès qu'on avait une bonne cause en main, Gérin et moi choisissions régulièrement de plaider devant un jury. Il y avait trois termes d'audiences à Sherbrooke : en septembre, en janvier et au printemps. Chacun notre tour, au fil des termes, nous plaidions à la Cour du Québec ou devant jurés. Ainsi, Me Gérin s'occupait des causes à la Cour du Québec et, moi, j'en plaidais trois ou quatre devant des jurés. Puis, le terme suivant, je prenais celles de la Cour du Québec et lui les causes devant jurés. Personnellement, je plaidais régulièrement sept ou huit causes devant jury par année. C'était souvent de petits procès. Par exemple, le procès de Freddy Dowling, un client régulier des tribunaux pour toutes sortes de délits mineurs, accusé du vol d'une tondeuse à gazon, s'est tenu devant des jurés. On pouvait choisir cette option, car le montant du vol dépassait 2 000 $.

On faisait ce qu'on pouvait pour obtenir un acquittement. Et, dans ce cas, Freddy avait effectivement été acquitté. C'était tout un numéro. Il gérait un bar de danseuses. Il était souvent devant les tribunaux ; il m'aimait bien et me choisissait toujours comme avocat.

À un moment donné, alors que je le représentais dans une affaire concernant son bar, j'ai vécu une expérience typique des relations de certains policiers avec nous, criminalistes.

Comme je fournissais toujours du 110 % dans toutes mes causes, même les plus petites, un policier de l'escouade de la moralité m'avait pris en grippe parce que, dans une cause contre Freddy qu'il avait à cœur, je l'avais malmené lors de son contre-interrogatoire. J'avais vraiment fait en sorte qu'il paraisse mal, dans le box des témoins, démontrant qu'il en voulait personnellement à Freddy pour des raisons que je ne connaissais pas. Je l'avais tourmenté une partie de la journée, et cela l'avait mis hors de lui.

Quand je suis arrivé à mon domicile ce soir-là, mon épouse m'a appris que Freddy Dowling m'avait téléphoné. Il me faisait dire que, si ça me chantait d'aller au bar, les filles seraient là et m'attendraient, comme d'habitude…

Impossible que cet appel vienne de lui ! Je n'allais jamais à son bar et je connaissais bien trop Freddy pour qu'il ait laissé ce message. J'ai demandé à ma femme si la personne qui avait appelé écorchait un peu le français.

— Absolument pas, a-t-elle répondu.

J'ai tout de suite su qui m'avait téléphoné. C'était le policier que j'avais savonné le jour même. En agissant ainsi, il tentait de semer la pagaille dans ma vie privée, et Suzanne l'a heureusement compris.

Quelques jours plus tard, je l'ai rencontré dans la salle des pas perdus du palais de justice et je l'ai abordé.

— Je viens pour te remercier.

— Pourquoi ?

— Le téléphone que tu as fait à ma femme, dernièrement, sonnait tellement faux qu'elle ne croira plus jamais personne qui tentera de m'intimider ou de me nuire de cette manière. C'est un grand service que tu m'as rendu.

Il n'a pas réagi, mais sa stupéfaction en disait long. Très long…

* * *

Une autre tactique, souvent employée quand notre objectif était de plaider non-coupable, consistait à amener notre client devant la Cour supérieure. Nous évitions ainsi d'être toujours devant le même magistrat, le juge Benoit Turmel.

Un nommé Bérard, un fraudeur que j'ai souvent défendu, s'était retrouvé devant jury pour un vol par effraction et les jurés l'avaient acquitté. Il était évidemment content. Lorsque nous sommes sortis du vieux palais de justice, vers 21 heures, une des jurés nous a approchés et a dit à mon client :

— Toi, mon p'tit vlimeux, ne recommence plus !

Disons que c'était toute une époque ; une époque désormais révolue. Nous avions des pratiques et des coutumes qu'on ne voit plus de nos jours. Dans le procès de Bérard, justement, puisqu'on siégeait le soir en attendant que les jurés rendent leur verdict, on se rendait dans une salle du palais et on jouait aux cartes, le policier, l'accusé, moi, le procureur de la Couronne, le greffier. On attendait que les jurés se décident. On ne voyait pas cela dans les grosses causes de meurtre, mais dans les petites causes de vols par effraction ou de fraude.

* * *

Je me souviendrai toujours d'une affaire de faux chèques, dont le verdict avait été rendu tard dans la soirée. Le greffier, qu'on savait porté sur la bouteille, s'était levé et avait dit au président du jury, en zézayant :

— Sur le premier chèque (*sic*) d'accusation, l'accusé est-il coupable ou non coupable ?

Mon grand ami le sténographe Robert Diorio en rit encore.

* * *

J'ai représenté Bérard dans une autre cause de fraude. Il était cuit d'avance et risquait un an d'emprisonnement. J'ai donc négocié une sentence raisonnable avec la Couronne et on a accepté qu'il soit condamné à six mois. C'était le juge Carrier Fortin, un civiliste, qui était sur le banc. C'était un bon monsieur, un juge sérieux, qui exigeait qu'on lui explique de A à Z nos arguments pour qu'il puisse rendre un jugement éclairé. Je me suis levé, j'ai raconté l'enfance malheureuse de mon client, les nombreux problèmes qu'il avait affrontés dans la vie. Mon client s'est mis à pleurer dans le box des accusés.

Le juge a fait savoir qu'il était prêt à prononcer la sentence :

— Étant donné qu'il y a une suggestion commune de la Couronne et de la défense, je vous condamne à six mois de prison. Mais n'eût été cette suggestion, je vous aurais donné moins. Je vais donc suivre la recommandation, a-t-il ajouté, à notre grande surprise !

Quand j'ai rendu visite à Bérard plus tard, dans sa cellule, il n'était pas choqué, mais il n'a pas manqué de me taquiner là-dessus pendant un bon moment. J'ai dû lui expliquer que, si le juge avait été un criminaliste, il n'aurait jamais fait une remarque du genre. Il a compris. Il était un client régulier, il connaissait la *game* et il me faisait confiance.

On évitait, donc, d'aller en procès devant le juge Benoit Turmel, mais ce n'était pas par manque de respect à son endroit. Je l'aimais bien et on s'était plutôt bien entendus avec lui, sauf à mon retour de Montréal, après le fulgurant procès du couple Valence. Je m'étais fait beaucoup d'amis durant ce procès, dont le journaliste Jean-Luc Mongrain, qui travaillait alors à CJRS à Sherbrooke. Il avait suivi toute la saga de Charles Marion et nous étions devenus copains. Il m'avait introduit auprès des médias, m'avait amené à enregistrer des capsules juridiques pour la station de radio où il travaillait et, peu de temps après, pour la station de télévision CKSH.

Dans les médias, on parlait de notre cabinet et de moi, mais pas toujours en bien. Un matin, lorsque je me suis présenté dans le bureau du juge Turmel, il a refusé de me recevoir et m'a carrément montré la porte.

Il réagissait à des rumeurs laissant entendre que je l'avais critiqué lors du procès à Montréal. La vérité, c'est que j'avais seulement déclaré au tribunal que le juge Turmel ne nous avait pas laissé contre-interroger Michel de Varennes à notre guise lors de l'enquête préliminaire qu'il avait présidée à Sherbrooke. Des personnes, jalouses de notre réputation grandissante, en avaient manifestement rajouté, laissant entendre que j'avais dit du mal de lui.

Le juge était en colère contre moi, mais je ne le savais pas. Dans ce temps-là, quand on faisait une entente de sentence avec la Couronne au sujet d'un client, on se présentait ensemble dans le bureau du juge avant de procéder en public. Et c'est ce que nous avons fait, le juge Turmel voulant s'assurer que les deux parties se comprenaient bien avant de plaider en public.

Un matin, je suis donc entré dans son bureau, accompagné du procureur de la Couronne avec qui on s'était entendus. Il m'a regardé et a dit :

— Toi, Rancourt, dehors !

Je lui ai demandé pourquoi.

— Sors de mon bureau ! a-t-il répété.

L'affaire était sérieuse. C'était le seul juge de notre district. J'en ai parlé au bâtonnier et il m'a conseillé de laisser retomber la poussière. Il avait raison. Peu après, je me suis présenté à son bureau avec un autre procureur de la Couronne pour parler d'une entente commune et il nous a reçus comme si de rien n'était. L'orage était passé.

Il faut dire que lorsque, stagiaire, je m'étais présenté à Sherbrooke, puis que j'étais devenu procureur de la Couronne, j'avais senti que le juge Turmel m'aimait bien. Je m'habillais correctement, j'étais toujours à l'heure, toujours prêt et, surtout, je plaidais avec les mots du peuple. Quand un avocat de l'extérieur de Sherbrooke se présentait avec une attitude hautaine et sophistiquée, le juge Turmel ne l'écoutait que d'une oreille distraite et le lui faisait savoir. Je me souviens d'un avocat qui ne parlait pas assez fort, qui n'était pas toujours bien mis et qui avait une seule mèche de cheveux sur un côté de la tête qu'il tentait constamment de rabattre sur son crâne. Le juge ne l'écoutait pas et lui avait soudainement lancé :

— Maître, allez donc vous peigner !

Un autre avocat, fils d'un juge célèbre, faisait un stage à la Couronne. Le juge lui a reproché d'utiliser de grands mots et d'étirer ses énoncés pour mieux paraître. À cette époque, il y avait dispense du port de la toge durant l'été. Le jeune avait un peigne dans la poche de sa chemise. Lorsqu'il s'en est rendu compte, le juge lui a demandé :

— C'est quoi cette histoire de peigne dans votre poche ? Il faut du décorum dans une salle d'audience, enlevez-moi ça tout de suite et puis assoyez-vous comme du monde !

La cour a ajourné et, quand on est revenus du lunch, l'avocat avait encore le peigne dans sa poche. Le juge l'a remarqué et a piqué une sainte colère.

— Je ne vous ai pas demandé d'enlever ce peigne?

— Je me suis renseigné, a répondu l'avocat, et j'ai appris que cela n'est pas contre les règles de pratique…

— Ah, ce n'est pas contre les règles de pratique, que vous dites?

Il m'a alors aperçu dans la salle et m'a lancé:

— Maître Rancourt, vous allez avertir vos confrères qu'à partir de demain la toge sera obligatoire dans cette cour, même en été, à cause de cet imbécile-là!

* * *

À une autre occasion, je lui ai déclaré au sujet d'un de mes clients:

— Votre Honneur, mon client est le plus pur innocent que je connaisse. Je ne parle pas du fait qu'il soit non coupable, j'insiste plutôt sur le fait que c'est véritablement un innocent.

Ce client avait volé des laveuses dans l'immeuble où il habitait et il les avait conservées dans son propre appartement! Le juge Turmel aimait que j'emploie des termes simples, c'est pourquoi j'avais présenté ce client comme un pur innocent. Je disais évidemment cela pour tenter de lui obtenir une plus petite sentence.

* * *

Une autre fois, je plaidais pour un client qui était toujours mal pris. J'avais en main un rapport présentenciel* qui

---

* Rapport que prépare un agent de probation à la demande d'un juge et dans lequel il dresse notamment un portrait de la situation personnelle et sociale d'un accusé. Le juge tient compte de ce rapport pour décider de la peine à imposer. Source: www.educaloi.qc.ca/lexique/R

racontait ses malheurs et j'insistais pour que le juge soit clément à son endroit.

— Ce client veut travailler, Votre Honneur, il veut se reprendre en main, il veut se réhabiliter.

Le juge a regardé mon client.

— Monsieur, je vais vous donner une chance. Je vais remettre ma sentence à dans deux mois. Si vous travaillez à ce moment-là, je vous laisse votre liberté. Si vous ne travaillez pas, en dedans!

Deux mois plus tard, le client m'a téléphoné pour me dire qu'il n'avait pas encore trouvé de travail. Je lui ai rappelé que, dans ce cas, le juge allait l'envoyer en prison, qu'il ne renierait pas sa parole. Le client a alors appelé la secrétaire du juge pour plaider sa cause et savoir ce que le magistrat déciderait vraiment...

Le lendemain, quand je me suis présenté à la cour, le client n'était pas là. Le juge n'avait pas le choix, il a émis un mandat d'amener contre lui. Le soir même, le juge Turmel est décédé. Le client, ayant appris la nouvelle dans les journaux, m'a demandé ce qu'il devait faire. Je lui ai expliqué qu'il y avait toujours un mandat d'arrêt contre lui et qu'il devait se présenter à la cour, mais que les procédures allaient devoir recommencer à zéro.

C'est le juge Laurent Dubé qui siégeait. Je lui ai expliqué qu'on allait à nouveau enregistrer un plaidoyer de culpabilité devant lui et que je reviendrais plaider sur sa sentence. Quand ce jour est arrivé, j'ai rappelé au juge la décision de son confrère Turmel : si le client travaillait, pas de prison ; s'il ne travaillait pas, derrière les barreaux. Le juge a décidé qu'il allait appliquer cette recommandation et le laisser en liberté puisque, maintenant, il avait un emploi. Et le client de me dire :

— J'ai bien fait de ne pas me présenter devant le juge Turmel, hein?

* * *

Le sténographe judiciaire Robert Diorio est devenu mon ami pour la vie dès l'instant où je me suis présenté à Sherbrooke comme procureur de la Couronne. Nous nous sommes rencontrés dans le stationnement du palais à mon arrivée. Il m'avait vu plaider à Montréal et nous avons tout de suite senti que nous avions des atomes crochus. Il m'a fait visiter le palais de justice, m'a présenté à tout le monde et je me suis vite aperçu qu'en plus de son affabilité légendaire, cet Italien inimitable était un joueur de tours sans pareil.

Un 1er avril, à l'ajournement d'un procès devant le juge Laurent Dubé, Robert a expliqué aux avocats et aux policiers qui étaient restés dans la cour qu'il avait acheté un petit poisson rouge et le leur a montré. Avec l'assentiment de tous, il l'a déposé dans le verre d'eau du juge. Celui-ci est revenu et l'audience a commencé. En plaidant la cause, on se rendait tous compte qu'il ne voyait pas le poisson. On attendait, on attendait et, à un moment donné, il a tendu la main vers son verre, mais sans le regarder. Et là, tout à coup, il a aperçu le poisson. Il nous a regardés tour à tour alors que nous riions et il a déclaré, le plus sérieusement du monde :

— Je m'en fiche… (*fish !*)

* * *

Durant une série de comparutions devant le juge Gérard Normandin à Cowansville, Robert Diorio s'est vraiment surpassé. C'était le jour de l'Halloween et il avait décidé de se déguiser en fille. Avec l'assentiment des officiers de justice en présence ce jour-là, avocats, policiers et gardiens de prison, il avait offert de jouer un tour au juge, une fois que les comparutions seraient terminées.

On avait tous avisé le juge qu'une prostituée, amenée à Cowansville par la police de Montréal, devait comparaître après l'ajournement. Quand le juge est revenu sur le banc, il a demandé au procureur de la Couronne, Me Claude Noiseux :

— Elle est où, votre prostituée, maître ?

La prostituée est entrée dans le box des accusés et a écouté l'acte d'accusation dont il lui était fait lecture : avoir sollicité des clients. Tout au long de son interrogatoire, elle s'est approchée de plus en plus du juge – ce que ce dernier détestait, on le savait tous.

— Mademoiselle, a-t-il dit, avez-vous un avocat ?

— Je ne sais pas. Est-ce qu'il faut que j'en aie un ? a-t-elle demandé, avec une petite voix de garce.

— Mais, en voulez-vous un, avocat ?

— Je ne sais pas quoi faire, monsieur le juge, a-t-elle bafouillé.

— Me Pierre Gibeault, l'avocat de l'aide juridique, est ici. Il va s'occuper de vous.

— Pas un p'tit bout de cul de même ? J'en veux pas !

— Écoutez, madame, plaidez-vous coupable ou non coupable ?

— Je ne le sais pas. D'une manière, je suis coupable, d'une autre, je ne le suis pas.

Et elle s'approchait de plus en plus du juge.

— Madame, a-t-il dit, tout à coup visiblement agacé, retournez dans le box des accusés !

— Vous savez, monsieur le juge, quand je suis arrivée ici ce matin, je me suis dit : c'est l'Halloween, on devrait jouer un tour au juge.

Et Diorio a ôté sa perruque.

Quand le juge a reconnu le sténographe, il s'est levé d'un bond et, choqué, il est sorti de la salle d'audience sans prononcer un mot.

Dans ce temps-là, avocats et juges avaient coutume d'aller manger ensemble le midi et, chaque fois que je rappelais ce tour au juge Normandin pour le taquiner, sa réplique était instantanée :

— Toi, Rancourt, ramène pas ça sur le tapis…

C'était le climat bon enfant de l'époque, on ne voit plus cela aujourd'hui. Le décorum est plus strict et les juges sont plus sévères, avec raison, car il y a plus de causes chaque jour devant nos tribunaux et les délais entre chaque étape sont beaucoup plus longs.

Les tours de Diorio ne seraient plus tolérés, mais des remarques judicieuses ont toujours leur place devant un tribunal.

* * *

J'ai plaidé plusieurs causes devant le juge Laurent Dubé. J'entrais et je sortais sans cesse de la salle d'audience, car je représentais plusieurs accusés. J'ai pénétré dans la cour au moment où le juge demandait à celui qui se trouvait dans le box des accusés :

— Monsieur, qui est votre avocat ?

— C'est le meilleur avocat, Votre Honneur, vous le savez, ai-je lancé en boutade.

— C'est ça, maître Rancourt, allez le chercher et faites-le entrer !

Chapitre 9

Le rêve de tout avocat : plaider à la Cour suprême

C'est, en effet, le rêve de tout avocat de plaider un jour devant les juges de la Cour suprême du Canada. J'en ai eu l'occasion en 1983, à ma huitième année de pratique, dans une cause qui a eu de multiples rebondissements et cela ne s'est pas du tout déroulé comme je l'avais prévu.

La cause, au départ, était une affaire de meurtre plutôt classique. Robert «Bob» Dragon, trente-quatre ans, un chômeur de Bolton Centre dans les Cantons-de-l'Est, avait été poignardé à mort d'un seul coup de couteau dans le dos lors d'une bagarre de bar, le jeudi 20 septembre 1979 vers 22 h 30, devant l'auberge Orford, rue Merry Sud, à Magog. Ses amis Jacques Descôteaux et Christian Hamel, tous deux âgés de vingt-quatre ans, avaient été blessés dans cette confrontation avec un groupe de Montréalais. À la suite de l'enquête policière, deux membres de ce groupe, Bruno Jacques, vingt-cinq ans, portier depuis quelque temps seulement à la discothèque Chez Personne, située tout près de l'auberge, et Denis Thomas, un chômeur de vingt et un ans, avaient été tenus criminellement responsables du décès de Robert Dragon. Ils avaient été condamnés à neuf mois de prison pour avoir refusé de témoigner à l'enquête tenue par le coroner Michel Durand et, subséquemment, avaient été accusés de meurtre au premier degré, donc prémédité.

Me Gérin et moi étions chargés de leur défense. Ils étaient accusés conjointement et nous avions tenté, pour des raisons stratégiques, d'obtenir qu'ils puissent être jugés séparément puisque, Robert Dragon ayant été atteint d'un seul coup de couteau, il était évident qu'une seule personne l'avait tué. Me Gérin avait donc hérité de la cause de Bruno Jacques, et je l'assistais. Quant à moi, je défendais la cause de Denis Thomas, et il me secondait.

Le procès conjoint de Bruno Jacques et de Denis Thomas s'est ouvert en novembre 1980 devant un jury composé de neuf hommes et de trois femmes, et présidé par le juge Paul M. Gervais de la Cour supérieure à Sherbrooke. Me Claude Melançon officiait pour la Couronne. Au bout de deux jours, le juge a constaté que nous avions raison de vouloir séparer les deux procès et Denis Thomas a donc été écarté des procédures. On a alors tenu le procès du portier, Bruno Jacques.

Nous avons eu beau avancer tous les arguments possibles pour faire acquitter notre client, le 28 novembre, après neuf heures de délibérations, les jurés l'ont jugé coupable, non pas de meurtre au premier degré, mais de meurtre au deuxième degré, non prémédité. Le 8 décembre suivant, il était condamné à la prison à vie, avec possibilité de demander une libération conditionnelle au bout de quinze ans.

Nous n'étions pas satisfaits de ce verdict. Nous pensions que la preuve n'avait pas été faite et que c'était bien Bruno Jacques qui avait porté le coup fatal dans cette affaire. Nous nous sommes adressés à la Cour d'appel du Québec en septembre 1982 pour un vice de forme dans les notes sténographiques du procès. Nous avons découvert, en révisant la cause, que le juge avait erré en droit dans ses directives aux jurés sur les éléments essentiels de l'infraction. Il leur avait expliqué que l'infraction de meurtre, dans ce cas, était « d'avoir donné un coup de couteau sachant que ça pourrait causer la mort OU de ne pas s'être soucié des conséquences de son geste », alors qu'il aurait dû dire « d'avoir donné un coup sachant que ça pourrait causer la mort ET de ne pas s'être soucié des conséquences ». Nous avions plusieurs points à défendre en appel, et nous avions découvert cette nuance dans les notes du sténographe Robert Diorio. Elle allait nous mener jusqu'en Cour suprême. La Cour d'appel nous a d'abord donné raison, confirmant que le juge avait fait une erreur flagrante dans la description des éléments essentiels sur lesquels les jurés avaient à rendre une décision. On a donc ordonné un nouveau procès. La Couronne, représentée par Me Melançon, loin d'être d'accord avec cette décision, a décidé de la contester devant la Cour suprême.

C'est ainsi que nous nous sommes retrouvés à Ottawa en juin 1983, Me Gérin et moi, lui accompagné de son épouse et d'amis venus assister à cet événement qui ne se produit pas tous les jours, et moi seul, car mon épouse, enceinte, était restée à la maison.

Puisque Me Gérin représentait Bruno Jacques, c'était donc lui qui devait plaider la cause. Mais, la veille, après un bon souper et une bonne bouteille de vin au restaurant, notre stratège a décidé qu'il ne plaiderait pas le lendemain matin. Il était près de minuit quand il m'a fait part de sa décision, insistant sur le fait que j'étais meilleur plaideur que lui et que je connaissais nos arguments par cœur. Inutile de vous dire que j'étais nerveux. Je n'ai pratiquement pas dormi de la nuit. J'ai passé des heures à répéter mes arguments pour le plus haut tribunal du pays. Je me suis finalement raisonné, sachant que le juge en chef allait sûrement prêter une oreille attentive à tout ce que j'allais dire.

L'honorable Antonio Lamer présidait la Cour suprême du pays. C'était un Québécois qui avait pratiqué le droit criminel, comme moi. Je l'avais, par ailleurs, connu dans l'affaire Marion. Il siégeait alors à la Cour d'appel et c'est lui qui avait autorisé la remise en liberté de Claude Valence, en attendant sa sentence dans cette affaire. Nous nous étions rencontrés dans une sortie sociale au restaurant Hélène-de-Champlain. On y célébrait le départ à la retraite du chroniqueur judiciaire bien connu Roger Guil, qui avait œuvré à *Montréal-Matin*, à *Allô Police* et à *Photo Police*. Nous avions été présentés et nous nous étions serré la main.

J'étais donc fébrile quand je me suis présenté ce matin-là, tiré à quatre épingles, devant la Cour suprême, présidée par l'honorable Antonio Lamer. Plaider devant le plus haut tribunal du pays, c'est le summum pour un avocat. J'étais prêt. Mais ça ne s'est pas du tout déroulé comme je l'avais anticipé.

Puisque nous n'étions pas les demandeurs dans cette affaire, c'est la Couronne, représentée par Me Claude Melançon, qui présenterait ses arguments en premier. Et c'est ce que Me Melançon a fait. Personne, durant le procès, n'avait entendu la nuance du «OU» et du «ET» qu'on avait trouvée dans les notes sténographiques, et il a insisté là-dessus. Quand il a terminé son plaidoyer, c'était à mon tour. J'ai pris une grande respiration pour combattre ma nervosité. Je me suis levé, prêt comme jamais, et le juge m'a tout de suite arrêté.

— Maître Rancourt, a-t-il déclaré, je ne pense pas qu'on ait besoin de vous entendre.

Et, s'adressant à Me Melançon :

— Peut-être que vous ne l'avez pas entendue, l'histoire du «OU» et du «ET», mais on tient pour acquis qu'il fallait que les jurés l'entendent, qu'ils connaissent les éléments essentiels de l'infraction pour rendre une décision éclairée. Vous aviez une bonne cause, recommencez-la ! Votre contestation est rejetée.

Mes seules paroles devant la Cour suprême du Canada ont donc été :

— Merci, monsieur le juge Lamer.

Le nouveau procès du portier Bruno Jacques s'est donc tenu en septembre 1983 devant le juge Carrier Fortin, à Sherbrooke. Un jury composé de douze hommes a entériné notre défense de doute raisonnable sur l'identité de celui qui avait donné le coup de couteau fatal dans cette affaire. Il a été acquitté et a pu reprendre sa liberté après avoir passé quatre ans et deux jours en détention. En mars 1984, il est devenu libre comme l'air, libéré des accusations de tentative de meurtre qui pesaient toujours contre lui concernant les deux individus blessés lors de l'altercation mortelle.

Entre-temps, en janvier 1981, j'ai eu à défendre le second accusé dans cette affaire, le chômeur Denis Thomas. Sa cause a été, elle aussi, plutôt rocambolesque.

Son procès s'est tenu à Granby, dans le district judiciaire de Bedford. J'avais demandé un renvoi devant une autre juridiction à cause de toute la publicité qui avait entouré cette affaire dans le district de Sherbrooke, et j'avais eu gain de cause. Ma défense était simple. Puisque tout dans la preuve de la Couronne désignait le portier Bruno Jacques comme celui ayant porté le coup de couteau fatal, mon client, qui était avec lui, ne pouvait être accusé de meurtre. Sa seule faute était d'avoir été présent sur les lieux. J'ai donc décidé, avec lui, qu'il ne témoignerait pas. Après tout, les faits parlaient d'eux-mêmes.

J'ai eu beau avancer mes meilleurs arguments et souligner l'évidence qu'il n'avait pas eu l'intention de commettre le meurtre puisqu'il n'était pas armé, il a quand même été jugé coupable. Puis, fait rare dans les annales judiciaires, il a été acquitté vingt-quatre heures plus tard. Voici comment.

Pendant les deux semaines qu'a duré le procès, j'ai remarqué qu'une femme parmi les jurés me regardait constamment, intensément, et semblait boire mes paroles. Lorsqu'on plaide devant un jury, ce genre de connexion se fait régulièrement. On se découvre des atomes crochus avec certains et, évidemment, on en profite pour s'adresser directement à eux quand on parle. Lors des pauses repas, les jurés mangeaient au même restaurant que nous et j'avais remarqué que cette jurée cherchait à entrer en contact visuel avec moi.

Les procédures étaient terminées. La Couronne avait plaidé. J'avais fini ma plaidoirie et le juge nous avait annoncé qu'il s'adresserait aux jurés le lendemain, après quoi ceux-ci auraient à délibérer. Durant ma plaidoirie, j'avais laissé entendre que j'avais aimé mon séjour à Granby, les gens du coin avaient été très chaleureux et mon séjour à l'hôtel Le Granbyen avait été très agréable. On flatte toujours les jurés locaux quand on est de l'extérieur, ils le savent.

Après la cour, j'entrais à l'hôtel lorsque j'ai aperçu la jurée en question. Elle était accompagnée d'une femme que je ne connaissais pas et elles se dirigeaient vers le bar. Je n'avais pas le droit de lui parler, mais sa présence à cet endroit m'intriguait. J'ai fait semblant de rien et je suis allé m'asseoir au bar. Elle est alors venue vers moi et m'a demandé si elle pouvait m'inviter à prendre un verre avec elles. Je lui ai répondu que je n'avais pas le droit de lui parler tant que le procès ne serait pas fini. Même si nous ne discutions pas de la cause, je ne pouvais me joindre à elles. C'était une question d'apparence de justice. Je lui ai dit aussi qu'après le procès cela me ferait grandement plaisir, en revanche. Et je suis sorti du bar.

Le lendemain, le juge a donné ses directives aux jurés. Ces derniers se sont retirés pour délibérer et, vers 21 h 30, le président du jury a rendu son verdict : coupable de meurtre au deuxième degré. Je me suis levé et j'ai demandé le *polling* des jurés, c'est-à-dire que chacun des douze jurés dévoile individuellement sa décision.

Le juge Georges Savoie présidait. C'était son premier procès pour meurtre. Il m'a dit :

— On va ajourner et je vais aller étudier votre motion.

Pendant l'ajournement, je suis allé voir mon client et lui ai demandé de pleurer et de crier qu'il n'était pas coupable dès que les audiences reprendraient. Cela ne faisait pas son affaire. Je l'ai convaincu pourtant en disant qu'autrement il allait pleurer pendant dix ans, en dedans.

Aussitôt que le juge est revenu dans la cour, Denis Thomas s'est mis à crier :

— Je ne suis pas coupable, je ne suis pas coupable !

Le juge, contrarié, est intervenu tout de suite :

— Un instant, monsieur. Taisez-vous, vous n'avez pas le droit de parole.

Manifestement, il était irrité. Tellement que, lorsqu'il a décidé qu'il demanderait le verdict à chacun des douze jurés individuellement, il n'a pas posé la question comme il le devait.

— Vous, madame la jurée numéro un, êtes-vous d'accord avec ce verdict-là ?

— D'une manière oui, dit-elle, mais d'une manière non, ajoute-t-elle. Le couteau…, a-t-elle commencé à expliquer.

— Non, non, non ! a coupé le juge. Ce n'est pas cela que je veux savoir. Êtes-vous d'accord, oui ou non, avec le verdict ?

— Oui.

Le juge a demandé ainsi aux douze jurés s'ils étaient d'accord, et ils l'étaient. Mon partenaire, Me Gérin, m'a chuchoté de réclamer l'annulation du procès. Il avait vite saisi que la réponse de la jurée numéro un, «d'une manière oui, mais d'une manière non» démontrait que le jury était divisé. Ce n'était donc pas un verdict collectif. On a expliqué la situation au juge et on lui a demandé de casser le verdict. Le juge nous a répondu :

— Oui, mais, à la fin, elle a dit qu'elle était d'accord.

On s'est obstinés. La Couronne s'est opposée à notre prétention et le juge a décidé d'ajourner et d'aller réfléchir. Quand il est revenu, vers 22 h 30, il a fait entrer les jurés et a déclaré :

— Il y a eu un petit lapsus tout à l'heure et, en toute équité pour l'accusé, je me dois de vous redemander individuellement si votre verdict est unanime. Mais je dois vous rappeler les mêmes instructions que je vous ai données : un verdict, c'est individuel et c'est collectif. Vous avez droit à votre opinion, mais, quand vous arrivez à un verdict, il faut que tous soient d'accord. S'il y a en a un qui n'est pas d'accord, ça ne fonctionne pas. Vous allez vous retirer et revenez-moi avec votre décision.

Ils sont partis délibérer et, environ une demi-heure plus tard, ils ont demandé l'autorisation de se retirer pour la nuit. Le lendemain, ils ont discuté jusque vers 16 heures et, à leur retour, leur décision était prise : non coupable !

Après le procès, alors qu'on fêtait notre victoire, la jurée rencontrée au bar deux jours plus tôt est venue me voir. Je m'apprêtais à lui rappeler qu'on ne pouvait légalement discuter du procès quand elle m'a déclaré spontanément :

— Je veux vous dire qu'on était deux à hésiter dans notre décision. Mais notre président était tellement convaincant et on était tellement fatigués qu'on a cédé. Quand le juge est revenu nous expliquer notre mission, j'ai réussi à ramener tous les autres au verdict d'acquittement pour doute raisonnable.

Je l'ai interrompue. Je lui ai fait remarquer qu'elle ne pouvait pas révéler ce qui s'était passé au cours de leurs délibérations et j'ai quitté le bar. Je ne l'ai jamais revue.

À ma connaissance, après ce procès, il n'y a plus jamais eu de *polling* des jurés au Québec. On n'a plus jamais demandé un verdict individuel à un jury. De deux choses l'une : ou ils s'entendent, peu importe le nombre d'heures ou de jours qu'ils mettent pour en arriver à un consensus, ou ils déclarent ne pas pouvoir arriver à une décision unanime, et, dans ce cas, un nouveau procès doit avoir lieu.

En vingt-quatre heures, Denis Thomas a été tour à tour reconnu coupable de meurtre, puis acquitté. La Couronne est évidemment allée en appel sur la façon dont le juge avait traité cette affaire, et on a ordonné qu'il subisse un nouveau procès. Ce procès n'a cependant jamais vraiment eu lieu.

Il a commencé le 19 mars 1984 devant le juge Maurice Lagacé au palais de justice de Montréal. Cette fois-ci, l'accusé était représenté par le criminaliste montréalais Michel Massicotte. On a procédé au choix des jurés et, lors de la première audience, la Couronne a annoncé qu'elle acceptait de retirer la plainte de meurtre contre Thomas parce qu'il était prêt à plaider coupable à deux accusations de tentative de meurtre. Il a été envoyé au pénitencier pour cinq ans.

Finalement, il aura fallu quatre ans de procédures ardues et de revirements spectaculaires pour que cette affaire aboutisse. Au bout du compte, nos deux accusés du meurtre de Robert «Bob» Dragon avaient été acquittés après plusieurs années en détention préventive. Thomas, quant à lui, a purgé sa peine de cinq ans.

Chapitre 10

Notre réputation entachée

En décembre 1981, j'étais à nouveau impliqué dans un procès pour meurtre devant jury. Ce procès aurait dû n'être qu'une simple procédure, mais il a failli gâcher la réputation de notre bureau et mettre un frein à la carrière et aux ambitions politiques de mon associé, Me Gérin. Nous avons alors pris conscience que les policiers et la Couronne nous craignaient, au point que tous les coups bas étaient maintenant permis.

Delmar Huff, un facteur rural, éleveur de moutons, vivait seul avec sa femme à Dixville, près de Coaticook. Ils avaient trois enfants qui les avaient quittés depuis un bon moment et qui occupaient tous des postes clés dans diverses entreprises des Cantons-de-l'Est. Delmar Huff, soixante-deux ans, souffrait de maladie mentale. Celle-ci s'était développée lentement, année après année, sans que sa famille s'en rende compte.

Il s'est ainsi imaginé que son épouse, Hilda, soixante-quatre ans, était une extraterrestre. Petit à petit, il a cru qu'elle voulait l'assassiner. Conséquemment, au cours des deux dernières années qui précédèrent le drame, il avait cessé de manger chez lui, de consommer la nourriture préparée par sa femme. Tous les jours, il se cachait dans une remise sur son terrain et il mangeait des fèves au lard en conserve. Si elle lui préparait des lunchs, il les cachait dans le coffre arrière de son véhicule et les oubliait là.

Sa famille ne savait pas qu'il était malade à ce point. Il n'était pas suivi par un médecin et ne prenait pas de médicaments. Amaigri, il pesait seulement quarante-cinq kilos. Lorsque les enfants venaient le visiter durant les week-ends, il trouvait toujours une excuse pour sortir de la maison quand c'était le temps de manger. Ses comportements étranges ont été découverts seulement au moment où le drame a éclaté.

Ce soir-là, le vendredi 5 juin 1981, il venait de s'acheter des moutons malgré le désaccord de son épouse. Ils s'étaient disputés à ce sujet et, au milieu de la nuit, il s'était réveillé pour constater que sa femme n'était pas au lit et que la petite grange, où il gardait ses moutons, était en feu.

Son esprit malade a tout de suite pensé qu'il avait raison de croire que sa femme était une extraterrestre et qu'elle s'apprêtait à l'assassiner. Dans son esprit, c'était elle qui avait mis le feu. Il est parti à la recherche de son épouse, l'a retrouvée et l'a tuée de multiples coups de hache. Il avait alors un casque de construction blanc sur la tête, il était vêtu d'un jeans, d'un chandail et d'une paire de bottes, qui ont été éclaboussés du sang de sa victime. Il est retourné dans la maison, a accroché son casque et les vêtements dans l'entrée et a changé de tenue. Il a appelé les policiers et a attendu leur arrivée.

Il a alors fait de nombreuses déclarations, toutes plus contradictoires et ambiguës les unes que les autres. Il disait qu'il avait vu deux individus attaquer son épouse et prétendait qu'il y avait du sang sur ses bottes parce qu'il était intervenu. En fait, il racontait n'importe quoi, peu importe ce que les policiers lui demandaient. Finalement, il a été arrêté et son casque, son chandail et ses bottes ensanglantées ont été saisis. Bien que malade, il a été formellement accusé de meurtre.

C'est mon confrère qui s'est occupé de lui, au départ. Il a rencontré la famille. Puis, on a fait examiner Huff par le psychiatre Pierre Gagné, qui n'a pu que constater l'évidence. Au moment de commettre son crime, Delmar Huff souffrait de schizophrénie paranoïde, une pathologie complexe qui affecte le processus de la pensée et est caractérisée par des hallucinations, des idées délirantes, une désorganisation de la pensée et des paroles ou des comportements étranges. Nous allions donc plaider l'article 16 du Code criminel afin qu'il soit acquitté pour aliénation mentale et interné.

L'événement qui aurait pu gâcher nos carrières respectives est survenu avant qu'on reçoive ce rapport indiscutable. Nous n'avions pas encore décidé si nous plaiderions la non-culpabilité ou le fameux article 16.

Lorsque des membres de sa famille ont rencontré Me Gérin, ils lui ont apporté le jeans ensanglanté que les policiers n'avaient pas saisi, se contentant du casque, du chandail et des bottes souillées. Me Gérin l'a apporté au bureau au cas où on en aurait besoin pour la défense de notre client ; cette preuve, à l'analyse sanguine, aurait peut-être pointé quelqu'un d'autre comme assassin dans cette affaire.

Quand le psychiatre Pierre Gagné nous a remis son rapport, nous n'avions plus besoin du jeans et Me Gérin l'a remis à la famille.

Le procureur affecté au dossier, on le savait, ne nous aimait pas. En interrogeant des membres de la famille de Delmar Huff, il a appris que le fameux jeans s'était trouvé entre les mains de Me Gérin. Il a alors décidé de l'accuser, au criminel, d'entrave à la justice pour avoir fait disparaître une preuve.

Je ne peux décrire tout l'émoi et le stress que nous avons alors vécus. Me Gérin s'apprêtait à se lancer en politique. En attente de son procès, il avait perdu le goût de pratiquer son métier de criminaliste. Cela a duré un an. Il a dû demeurer chez lui durant tout ce temps, en pensant à son rêve menacé puisqu'une condamnation au criminel pouvait lui valoir d'être radié à vie comme avocat. Et, bien sûr, sans compter combien cette affaire allait entacher la réputation de notre bureau.

Heureusement, justice a finalement été rendue. Défendu par Me Robert La Haye, mon partenaire a été honorablement acquitté. Mais puisque mon confrère a été k.-o. durant une année complète, c'est moi qui ai défendu Delmar Huff devant les jurés, au procès présidé par le juge Paul M. Gervais. Me Louis-Philippe Galipeau, de Magog, un civiliste que j'avais invité au dossier, et moi avions agi en défense. Le procès se tenait en anglais, une langue que je maîtrisais mal, ce qui n'était pas le cas de mon confrère.

La Couronne savait qu'elle ne pouvait contester le rapport du psychiatre Pierre Gagné. La maladie mentale de Delmar Huff, au moment de commettre son crime, était évidente. On avait trouvé dans le coffre arrière de son véhicule des centaines de lunchs en état de pourriture avancé et, dans sa remise, des centaines de contenants de fèves au lard qu'il ingurgitait à la place. Même si le procès n'aurait pas dû avoir lieu, le procureur de la Couronne s'est obstiné à mener cette affaire devant un jury puisqu'on admettait que notre client avait commis le geste reproché. Il a eu beau sortir les arguments les plus futiles possible, au point de scandaliser mon partenaire civiliste, Delmar Huff a quand même été acquitté, au début de janvier 1982, pour aliénation mentale et interné.

Le tort fait à notre réputation durant l'année de suspension de Me Gérin a vite été oublié. En 1984, François a quitté mon bureau et est devenu député dans le cabinet conservateur de Brian Mulroney. Cependant, je ne peux m'empêcher de penser, encore aujourd'hui, que la publicité négative faite à son endroit l'a probablement empêché de devenir ministre.

Chapitre 11

Une photo compromettante

Une des causes les plus bizarres que j'ai plaidée – je tairai les noms des personnes impliquées, vous comprendrez pourquoi – m'a été confiée par une dame de ma région qui avait besoin de mes services parce que son mari était accusé d'avoir violé la sœur... de sa maîtresse !

Cette femme est venue me rencontrer avec son époux. Ce dernier m'a raconté qu'il s'était retrouvé seul avec la jeune femme, chez elle. Ils ont eu une relation sexuelle. Après quoi, elle a porté plainte contre lui pour viol, affirmant que la relation n'était pas consensuelle.

Bien sûr, la version de la jeune femme était différente. Elle a déclaré à la police qu'au cours de la visite de cet homme, elle était allée à la salle de bains, il s'était approché, l'avait projetée au sol et l'avait violée. Puis il l'avait quittée, sans plus.

Mon client, lui, prétendait qu'ils avaient commencé par s'embrasser, puis ils s'étaient étendus par terre dans la salle de bains et avaient eu une relation sexuelle. Elle l'avait averti qu'elle ne voulait pas qu'il éjacule en elle. Malheureusement, c'était arrivé. Elle avait alors paniqué, criant, gesticulant et menaçant de le dénoncer à la police.

Toujours selon mon client, la femme avait enfilé une chemise de nuit pendant qu'il se rhabillait. Ils s'étaient assis tous deux à table et il avait tenté pendant une vingtaine de minutes de la calmer et de la rassurer, lui promettant qu'il s'occuperait de tout si elle tombait enceinte. Elle était toujours hystérique quand il l'avait quittée. Rapidement, il a appris qu'elle avait porté plainte contre lui.

Nous nous sommes donc retrouvés au procès que présidait le juge Thomas Tôth. Au moment du choix des jurés, j'avais mis toutes mes énergies pour que plusieurs femmes y soient nommées et j'avais réussi. Il y en avait dix. À l'époque, on avait beaucoup plus de latitude pour contre-interroger une victime sur ses antécédents sexuels et je ne manquais pas d'en profiter.

La prétendue victime témoignait très bien. Elle avait belle apparence ; elle pleurait souvent et racontait avec beaucoup de détails sa version des faits. Mon client m'avait raconté qu'elle n'était pas la bonne fille qu'elle prétendait être. Selon lui, elle avait fréquenté des motards et participé à des sauteries. Mais ma défense n'était pas basée sur ces prétendus faits et je ne pouvais l'interroger là-dessus.

La maîtresse de mon client, pour l'aider dans sa défense, m'avait apporté une photo d'elle et de sa sœur jouant dehors entièrement nues. Elle avait précisé que c'était mon client qui avait pris cette photo.

— On était tous les trois flambant nus, m'avait-elle confié, et on faisait toutes sortes de niaiseries au moment de la photo.

Je me suis dit alors que, si je pouvais montrer cette photo aux jurés durant mon contre-interrogatoire, cela contredirait celle qui, dans le box des témoins, se dépeignait comme une sainte, ou presque. Loin d'être convaincu que le juge me permettrait de déposer cette photo en preuve, j'ai utilisé une tactique bien particulière.

À la fin de mon contre-interrogatoire, je me suis assis, signifiant que j'avais terminé. Puis, de façon très théâtrale, je me suis levé d'un bond.

— Madame, j'ai une toute dernière question à vous poser.

La photo en main, je suis passé lentement et solennellement devant les jurés. Ils voyaient bien que je tenais quelque chose d'important dans mes mains, mais que je ne pouvais légalement le leur montrer. J'ai présenté la photo au témoin. Elle s'est mise alors à crier, à gesticuler et à pleurer. Bien sûr, le juge est intervenu tout de suite.

— Maître Rancourt, qu'est-ce que c'est que ça ?

— C'est une photo, Votre Honneur, prise par mon client. Madame s'y trouve, folâtrant avec sa sœur. Elles sont toutes deux nues et c'est mon client qui l'a prise.

— Ce n'est pas vrai, a-t-elle crié en pleurant. C'est ma sœur et moi qui avons pris la photo, on s'amusait ensemble et lui n'était pas là !

Le juge a ajourné le procès. Il a fait sortir les jurés et m'a demandé :

— Comment allez-vous faire la preuve, maître Rancourt, que c'est l'accusé qui a pris cette photo ?

— Ce n'est pas compliqué, Votre Honneur, la sœur de la plaignante va venir témoigner.

Sa sœur est venue effectivement à la barre.

— Ma sœur ment, c'est bien lui qui a pris la photo.

Le juge m'a alors permis de me servir de la photo. Je l'ai montrée aux jurés et elle a été déposée en preuve.

La crédibilité de la prétendue victime commençait à s'effriter aux yeux des jurés. Mais ce n'était pas tout. Elle s'est effondrée quand je lui ai demandé :

— Est-il exact que vous vous êtes assis tous les deux à table, après le supposé viol, et que vous avez discuté ?

— Non, non, ce n'est pas vrai. On ne s'est jamais assis ensemble. Il m'a violée et est parti.

— Vous êtes certaine ? Vous jurez que vous ne vous êtes pas assise avec lui pour discuter après ?

— Oui.

— Pourtant, mon client prétend que vous avez discuté pendant une vingtaine de minutes avant qu'il parte de votre maison.

— C'est totalement faux, a-t-elle maintenu.

La Couronne, représentée par Me Claude Melançon, avait mis en preuve la chemise de nuit de la présumée victime et, à la hauteur du bassin, il y avait du sperme. Les analyses avaient confirmé que ce sperme provenait bien de mon client.

J'ai dit aux jurés :

— Savez-vous pourquoi j'ai insisté pour qu'il y ait beaucoup de femmes parmi vous ? Parce que vous allez comprendre. Quand vous venez de faire l'amour, si vous restez debout, le sperme coule entre vos jambes, n'est-ce pas ? Et si vous vous assoyez, cela va couler où ?

Et j'ai ajouté :

— Expliquez ça à vos confrères masculins, mesdames.

J'ai conclu ainsi :

— Ça ne veut pas dire que mon client ne l'a pas violée. Mais cela signifie qu'elle ment sur ce qui s'est passé après. Vous devez donc vous demander pourquoi elle s'est assise avec lui après avoir supposément été violée ? La version de mon client est bien plus plausible : il n'a pas pu se retenir, elle a paniqué et ils en ont discuté pendant une vingtaine de minutes après l'acte.

Le juge Tôth, un personnage distingué et d'une grande culture, qui parlait un français choisi et très éloquent, aimait que les avocats, en attente du verdict, lui rendent visite dans son bureau après leurs plaidoiries et après s'être adressés aux jurés. Quand je suis entré, il a dérogé à ses habitudes en employant un qualificatif péjoratif :

— Rancourt, je crois que les douze « fromages » vont te suivre.

Effectivement, mon client a été acquitté.

Chapitre 12

Une petite cause, une grande leçon

Ma carrière allait bon train. Notre bureau fonctionnait à plein régime. J'en étais à ma septième année comme criminaliste et, malgré mon jeune âge, j'avais accumulé de retentissantes victoires. J'apprenais vite, mais le destin me réservait souvent des causes particulières, marquées de ce genre de rebondissements que la plupart des criminalistes ne vivent qu'à une ou deux occasions dans leur vie. Ces causes m'ont donné des leçons auxquelles l'université n'aurait jamais pu me préparer.

L'une d'entre elles était celle de Ginette Poulin. J'ai représenté peu de femmes durant ma carrière. Simplement parce que, à l'époque, la population féminine n'était que rarement représentée pour des accusations liées à des infractions criminelles. Mais revenons à Mme Poulin.

Les policiers avaient découvert, dans le garde-robe à l'entrée de son domicile, où elle vivait seule, une cinquantaine de petits sacs de marijuana prêts à être vendus. Et ils en avaient trouvé un dans son sac à main. Un seul.

La Couronne l'avait donc accusée de possession de drogue à des fins de trafic et avait en main les éléments essentiels à cette accusation : la quantité trouvée ainsi que la drogue coupée et ensachée individuellement.

Ginette Poulin est venue me voir et m'a raconté qu'elle était consommatrice de marijuana, mais que ces sacs ne lui appartenaient pas.

— Ils sont à mon chum. Il est en prison depuis trois mois.

Pour que la Couronne puisse étayer l'accusation de possession de drogue à des fins de trafic, elle doit prouver hors de tout doute que l'accusé avait la connaissance et le contrôle de cette drogue. Ma cliente pouvait avoir connaissance que cette drogue se trouvait là, mais si ce n'était pas sa propriété, elle ne pouvait être reconnue coupable sur cette seule accusation. Elle m'a affirmé effectivement qu'elle n'avait pas le contrôle de ces sacs et que ce n'était pas elle qui les vendait.

Pour sa défense, je lui ai demandé si son conjoint, bien qu'emprisonné, serait prêt à venir témoigner. Elle m'a affirmé qu'il viendrait reconnaître que la mari lui appartenait.

Le procès se tenait devant jurés. Le procureur était un civiliste qui venait d'obtenir un contrat du gouvernement fédéral pour plaider les causes de drogue, et c'était son premier procès. Il a fait entendre le policier de la Gendarmerie royale du Canada (GRC) qui avait fait l'enquête et qui a témoigné de façon claire et précise. Je l'ai contre-interrogé de façon très serrée pour tenter de trouver une brèche dans son témoignage, de le faire admettre que ma cliente ne savait peut-être pas que le cannabis se trouvait dans son garde-robe. Je ne le lâchais pas. J'ai donné mon 110 % – comme d'habitude –, mais il était très efficace et, même si j'insistais, mes questions étaient sans effets sur lui. Il ne bronchait pas. Je me suis donc dit que j'allais me reprendre avec le témoignage du conjoint de ma cliente.

J'avais obtenu une ordonnance pour qu'il soit amené de la prison au vieux palais de justice de Sherbrooke. C'était mon témoin clé et je comptais sur lui pour offrir une défense solide à ma cliente. Je suis allé le visiter dans sa cellule pour préparer son témoignage. Il m'a dit :

— Pas besoin de me préparer. Je connais ça, moi, les tribunaux, le pénitencier. Ça fait des années que je me présente devant la cour, je sais comment me comporter. Ne vous inquiétez pas.

Malheureusement, j'étais un jeune avocat. J'en avais encore à apprendre. J'ai cependant décidé de me fier à lui. Je lui faisais confiance. Erreur ! Il a mal témoigné, s'est contredit. La Couronne a démoli sa crédibilité en insistant sur son lourd passé judiciaire.

Je sentais que ma cause était perdue. J'ai donc décidé de faire témoigner ma cliente, me rassurant sur ses capacités à fournir elle-même les arguments nécessaires à sa défense. Mais cela n'a pas fonctionné comme prévu. En étudiant la réaction des jurés, j'ai constaté qu'ils n'avaient pas l'air de la croire.

Même si j'avais l'impression que j'étais en train de perdre cette cause, j'ai plaidé de mon mieux. J'étais tellement touchant dans mon exposé que ma cliente s'est mise à pleurer. J'ai terminé en demandant aux jurés de l'acquitter.

Le procureur de la Couronne, qui en était à sa première cause, s'est levé, vainqueur d'avance. Sa mère et sa famille étaient dans la salle. Il a fait un vibrant plaidoyer, de toute évidence piqué au vif par la plaidoirie un peu excessive que je venais de produire. Malheureusement pour lui, sa performance oratoire a été entachée parce qu'il ne connaissait pas toutes les règles de droit. Il s'est enflammé, s'est retourné vers les jurés et, tout à coup, il a affirmé :

— Pensez-vous que les policiers ont arrêté cette femme-là pour rien ?

J'ai regardé le juge, car nous n'avions pas le droit de faire une telle affirmation. Je n'ai même pas eu le temps de me lever pour m'objecter qu'il s'est adressé au procureur :

— Je ne sais pas si vous le savez, maître, mais vous n'avez pas le droit de dire aux jurés que, si les policiers ont arrêté quelqu'un, c'est qu'il est coupable. Je n'ai pas le choix, *mistrial*. Je mets fin aux procédures. On va dissoudre le jury. On recommencera le procès devant d'autres jurés.

Quand l'autre procès a commencé, j'avais appris de mes erreurs. J'ai changé complètement de stratégie. C'était le même jeune procureur et il ne s'était pas aperçu que, cette fois-ci, je n'avais pas demandé d'amener l'amoureux de ma cliente pour le faire témoigner. Je ne voulais plus le voir dans le box des témoins.

Je n'ai fait témoigner que ma cliente. J'avais confiance en elle. Elle pourrait convaincre les jurés qu'elle ne possédait pas les sacs de mari dans le but d'en faire le trafic. Et lorsque le solide policier de la GRC est venu témoigner contre elle, je l'ai surpris quand, à la fin de son témoignage, le procureur a dit : « C'est votre témoin, maître Rancourt. » Je me suis levé et j'ai affirmé :

— Monsieur le juge, je regrette de vous le dire, mais je n'ai aucune question à lui poser…

Le policier a regardé son procureur, estomaqué. Il ne comprenait pas ce qui se passait. Il lui a fait signe de faire quelque chose. De lui poser d'autres questions. Le juge a demandé :

— Qu'est-ce qui se passe ?

— Rien, Votre Honneur, n'ai-je pu m'empêcher de répondre.

Le policier est retourné s'asseoir, rouge de colère. J'ai appelé ma cliente à la barre. Elle a avoué, en pleurant, qu'elle était une consommatrice de marijuana, mais qu'elle ne faisait pas de trafic. Que la quantité de drogue trouvée dans son appartement appartenait à son ami en prison, et que le sachet trouvé dans son sac à main était pour sa consommation personnelle.

Les jurés ont délibéré. Le verdict est tombé : Ginette Poulin était acquittée de l'accusation de possession de drogue à des fins de trafic, mais était reconnue coupable de possession simple d'un gramme de marijuana, et elle a écopé d'une amende de 50 $. Un procès devant jury qui se terminait par une amende de cinquante piasses ! Mais un procès qui avait fait progresser un criminaliste. Qui lui avait permis d'apprendre de ses erreurs. Dans ce cas-ci, j'avais été chanceux. J'avais appris à ne plus faire confiance aveuglément aux témoins clés, et à ne pas contre-interroger quelqu'un à outrance quand on n'arrive pas à l'ébranler ni à ouvrir une brèche dans son témoignage.

Pour preuve, ce dossier date de trente ans et je m'en souviens comme si c'était hier.

Chapitre 13

Un faux mariage meurtrier

Parmi les causes inédites que j'ai plaidées, en voici une autre qui a fait les manchettes et pour laquelle j'ai pu obtenir une sentence plutôt clémente malgré la gravité du crime reproché. C'est vraiment le genre d'histoire qu'on ne voit pas tous les jours.

Un professeur de quarante-sept ans, Jean-Guy Grégoire, marié et père de deux enfants, était accusé d'avoir tué sa jeune maîtresse de vingt ans, Louise Turcotte, une secrétaire à la Commission scolaire régionale de l'Estrie, qu'il avait promis d'épouser après son divorce.

Cet homme avait quitté sa famille pour habiter avec sa maîtresse dans un luxueux appartement de la rue Bellevue à Sherbrooke et il n'avait pas ménagé les dépenses pour meubler leur maison. Pour elle, c'était le grand amour et elle insistait souvent pour qu'il divorce de son épouse afin d'officialiser leur union par les liens du mariage.

Un jour, il lui a fait croire que c'était réglé, qu'il s'était occupé du divorce. Ils allaient se marier à l'église Saint-Camille de Cookshire, le 9 juillet 1983. Ils ont fait les préparatifs nécessaires. Ils ont invité parents et amis à une réception après la cérémonie à l'Auberge des Gouverneurs. Ils ont acheté leurs habits de noces. Un photographe professionnel a même été engagé et les futurs époux ont posé avec leurs vêtements de cérémonie quelque temps avant la noce.

Mais lorsque la mariée s'est présentée à l'église, le marié brillait par son absence. Quand il s'est finalement présenté, il a prétexté avoir oublié les bagues à la maison. Il est donc reparti les chercher. Tardant à revenir, des proches inquiets se sont présentés chez lui, où ils l'ont trouvé évanoui, et il a dû être transporté à l'hôpital.

La mariée et ses invités ont été avertis de la situation et, sous le choc, ils ont décidé de tenir la réception tel que prévu, espérant qu'il viendrait les rejoindre à sa sortie de l'hôpital. Ce ne fut pas le cas.

Louise et Jean-Guy ont continué de vivre ensemble dans leur nid d'amour pendant près de trois semaines après le mariage qui n'a finalement pas été célébré. Il lui parlait sans cesse de ses malaises et se rendait régulièrement à l'hôpital à ce propos. Puis, la guerre a éclaté. La jeune femme a appris que son professeur n'avait pas divorcé et qu'il s'était endetté par-dessus la tête pour planifier ce mariage qui n'avait pas eu lieu. Le roman d'amour a basculé le 22 juillet lorsque la sœur de Turcotte, inquiète de ne plus avoir de ses nouvelles, s'est rendue à son appartement en compagnie de deux amis, où elle l'a trouvée morte dans son lit.

— Maudit salaud, tu l'as tuée! s'est-elle écriée.

— Oui, mais…, a répondu Jean-Guy Grégoire, qui était encore sur les lieux, affalé sur un sofa.

Il avait l'air bizarre ; perdu, drogué ou ivre, selon les amis de la sœur, les cheveux ébouriffés. Il portait encore un peignoir aux environs de 16 h 30.

— Oui, mais quoi ? a-t-elle rétorqué.

— Non, mais…, s'est-il contenté de dire. Ce n'est pas possible, ce n'est pas possible.

Un des amis lui a alors demandé :

— As-tu bu ?

— Non, ce n'est pas ça. C'est pire que ça, a-t-il ajouté.

L'autopsie a révélé que Louise Turcotte était morte par asphyxie, possiblement par strangulation, dans des circonstances non expliquées, et Jean-Guy Grégoire a été arrêté et accusé de meurtre non prémédité.

Quand il est devenu mon client, Grégoire m'a raconté qu'il n'avait pas fait de déclaration à la police, sauf de clamer haut et fort qu'il avait eu plusieurs pertes de mémoire ces derniers temps et qu'il ne se souvenait pas de s'en être pris à sa maîtresse. Je lui ai expliqué qu'ils n'avaient pas de preuves directes contre lui, qu'on pouvait plaider cette cause et, peut-être même, obtenir un acquittement. Il m'a interrompu :

— Ce n'est pas de me défendre qui m'intéresse. Tout ce que je veux, c'est ne pas passer trop de temps en prison. Trouve-moi une manière d'y arriver.

Le procès a été hautement médiatisé parce que Jean-Guy Grégoire, en plus d'une carrière de quinze ans dans l'enseignement et sa participation à l'administration de la Commission scolaire régionale de l'Estrie, avait, un temps, flirté avec la politique. Son procès s'est tenu huit mois plus tard, en mars 1984, devant le juge Georges Savoie de la Cour supérieure. La Couronne, représentée par Me Danielle Côté, a tenté de démontrer que Grégoire n'était atteint d'aucune maladie mentale, qu'il avait sciemment tué sa maîtresse et qu'il devait être jugé coupable de meurtre.

Un des témoins de la Couronne, le psychiatre Louis-Charles Daoust, a déclaré que l'accusé souffrait de possible hystérie de conversion, donc de troubles mentaux, au moment du drame. J'ai insisté longuement là-dessus et j'ai argumenté sur les pertes de mémoire dont se plaignait mon client, et ce, bien avant la mort de sa maîtresse. Grégoire avait témoigné en ce sens. Il avait affirmé aimer Louise Turcotte à la folie et avait clamé haut et fort qu'il ne se souvenait pas de l'avoir agressée. Pour lui, si cela s'était produit, c'était par accident.

— Je me rappelle que Louise a fait une crise d'hystérie. Elle frappait sur les murs et sur les meubles avec ses mains. C'est vague, comme si je voyais la scène à travers un nuage. C'est peut-être moi qui l'ai transportée sur le lit, mais je n'en sais rien.

À la fin des procédures, la Couronne a demandé qu'il soit condamné pour meurtre. J'ai plaidé pour qu'il ne soit reconnu coupable que d'homicide involontaire, insistant sur le fait qu'il avait toujours été un bon père de famille, un bon professeur et un bon citoyen avant ce coup de foudre qui lui avait fait perdre la tête.

Les jurés, six femmes et six hommes, l'ont jugé coupable d'homicide involontaire. La Couronne a plaidé qu'il devait être condamné à une peine de six à huit ans de prison. J'ai tenté, en vain, de lui obtenir une peine de deux ans moins un jour à purger dans une prison provinciale et à des travaux communautaires.

Finalement, le juge l'a condamné à cinq ans de pénitencier. Plus jamais je n'ai entendu parler de lui.

Chapitre 14

Ça ne fonctionne pas toujours

La mission d'un criminaliste est de tout tenter pour semer un doute dans l'esprit du juge ou du jury qui doit décider du sort d'un accusé. Mais même la plus astucieuse des stratégies ne fonctionne pas toujours.

Noël Auger, un récidiviste bien connu, était accusé d'un vol de banque. Le juge qui entendait sa cause était Paul M. Gervais, de Sherbrooke. La Couronne, représentée par son procureur-chef Me Michel Ayotte, avait comme témoin principal le gérant de la banque qui avait été dévalisée.

Ce directeur de banque, je m'en suis rapidement rendu compte lors de son témoignage, avait une mentalité de justicier frustré, ce qui était compréhensible puisqu'on s'était attaqué à sa succursale bancaire.

Lors du *hold-up*, Auger portait une cagoule et, lorsque le directeur de banque a témoigné contre lui, j'ai trouvé qu'il en mettait plus que nécessaire.

— Quand j'ai vu cet individu-là, armé et cagoulé, s'enfuir avec un sac d'argent, j'ai couru après lui. Je l'ai vu enlever sa cagoule dans l'entrée de la banque, entre les deux portes. J'ai alors vu son visage. Je l'avais presque rejoint quand il est arrivé à son automobile et je suis passé près de l'attraper. J'ai même touché à la voiture alors qu'il fuyait…

Mon client, qui écoutait son témoignage, m'a tout de suite dit qu'il en faisait trop.

— C'est un menteur. Il n'a jamais couru après moi. Il n'est jamais passé proche de m'attraper. J'ai fait assez de vols du genre pour te dire que, s'il avait été si près, il ne serait pas ici pour témoigner…

En contre-interrogeant le directeur de banque, j'ai constaté qu'il se fourvoyait sur plusieurs points, dont la couleur de l'auto du voleur ainsi que certaines particularités évidentes du véhicule qu'il n'avait pas remarquées.

Puisque tout le procès tenait sur l'identité du voleur, je ne l'ai pas lâché :

— Quel temps faisait-il ce jour-là ? Faisait-il soleil ? Faisait-il sombre ? Et dans l'entrée de la banque, quand il a enlevé sa cagoule, c'était clair ou c'était sombre ?

— C'était très éclairé, a répondu le gérant.

Le procureur de la Couronne est alors intervenu. Il a demandé au juge que la cour se déplace pour aller constater la clarté de l'entrée de la banque. Pour ma part, j'ai demandé que mon client soit exclu de cette visite. Il ne voulait pas y aller et je préférais cela. Il avait une vraie tête de bandit, je ne le voyais pas dans la banque avec la cour. J'étais convaincu que cela nuirait à sa cause. Le juge me l'a accordé.

La cour s'est déplacée jusqu'à la banque. On a fait la visite des lieux à peu près à la même heure à laquelle le vol à main armée s'était déroulé. Et là, j'ai vu le procureur de la Couronne perdre la face. L'entrée des lieux était très sombre. Je jubilais, car j'avais un bon argument pour faire acquitter mon client, mais ça n'a pas fonctionné. Les jurés ont cru le directeur de banque et ont jugé Noël Auger coupable de vol. La Couronne a demandé une peine de quinze ans de pénitencier. Le juge l'a condamné à quatorze ans.

Le 30 mars 1985, Noël Auger s'est évadé de la prison de Cowansville et, le jeudi 18 avril, il a été abattu par un policier alors qu'il tentait de commettre un *hold-up* à la succursale de la Banque Royale de la rue Hériot, à Drummondville. Le policier faisait la file devant un guichet quand Auger s'est présenté, non masqué et armé. Les deux se sont battus, Auger a échappé son arme et, lorsque le policier lui a ordonné de s'immobiliser, il a refusé d'obtempérer. Le policier a tiré sur lui, mais Auger a réussi à s'enfuir dans une automobile conduite par un complice.

Quelques heures plus tard, on a retrouvé son cadavre étendu sur le bord de la route du 3ᵉ Rang à Saint-Cyrille-de-Wendover, à moins d'une dizaine de kilomètres de Drummondville. Son complice l'avait jeté en bas de l'automobile et l'avait abandonné à cet endroit en constatant son décès. Il n'avait que trente-neuf ans.

Chapitre 15

Une cause qui a encore des répercussions aujourd'hui

Je semblais vraiment avoir un penchant pour les causes inusitées devant jurés. L'histoire qui suit, extrêmement triste, s'est déroulée en 1985 et, ironie du sort ou fatalité génétique, elle a encore eu, en 2013, des répercussions devant les tribunaux.

Fernand Duchaussoy, quarante-neuf ans, père de six enfants et chômeur, était accusé du meurtre de son ex-conjointe âgée de vingt-neuf ans, Monique Arcand, tuée de trois balles dans sa demeure de Gentilly, à l'est de Bécancour, le 5 novembre 1984. C'est le frère de Duchaussoy qui m'a demandé de le défendre, m'expliquant que son frère devait avoir des problèmes mentaux, car ce n'était pas dans sa nature de commettre un tel geste.

J'ai tout de suite demandé à l'expert psychiatre Pierre Gagné de l'examiner. Il a conclu que mon client était atteint de schizophrénie, une maladie qui pouvait être à l'origine de son geste.

Le procès, qui s'est tenu en avril 1985 à Trois-Rivières devant le juge André Trotier, a duré environ deux semaines et c'est le frère de mon client qui a tout payé. Mes honoraires et ceux du psychiatre. Avant de faire témoigner le frère, je devais faire témoigner mon client pour qu'il dise aux jurés ce dont il se souvenait. Il n'avait pas le choix. Au moment crucial, le juge m'a demandé si j'avais un témoin à faire entendre.

— Oui, Votre Honneur, je veux faire entendre mon client.

Ce dernier, qui était dans le box des accusés accompagné de gardiens de prison, a fait immédiatement un «non» de la tête, il ne témoignerait pas! Le juge m'a demandé ce qui se passait.

— Je ne le sais pas, Votre Honneur. Je vais demander un ajournement pour rencontrer mon client.

Le juge a acquiescé et il a remis la cause au lendemain matin. Je suis parti voir Duchaussoy en compagnie de son frère et du Dr Gagné. Nous lui avons demandé ce qui se passait et je lui ai expliqué qu'il était accusé de meurtre au deuxième degré, donc non prémédité, et qu'il avait de bonnes chances, avec le témoignage du Dr Gagné, d'être acquitté pour cause de folie. Mais le pire scénario serait qu'il soit jugé coupable d'homicide involontaire. J'ai insisté pour lui dire qu'il n'avait aucun avantage à ne pas témoigner.

— Je ne m'en sens pas capable, m'a-t-il dit.

— Tu n'as pas le choix, sinon tu vas te sentir pas capable jusqu'en prison et pour longtemps, ai-je tenté de lui faire comprendre.

Le psychiatre a insisté sur le fait qu'il avait effectivement une bonne défense. Son frère, qui avait payé la note, salée, s'est obstiné avec lui. Finalement, il a accepté de venir témoigner.

Le lendemain matin, le juge a fait entrer les jurés. Il leur a récité un petit boniment de circonstance et m'a redemandé :

— Maître Rancourt, avez-vous des témoins à faire entendre?

— Oui, Votre Honneur, M. Duchaussoy, premier témoin…

On a entendu alors de petits cris plaintifs et répétés de la part de Fernand Duchaussoy, qui faisait signe, en se balançant la tête au rythme de ses cris, qu'il ne témoignerait pas.

— Maître Rancourt, a questionné le juge, qu'est-ce qui arrive?

— Je ne le sais pas, Votre Honneur…

— Très bien, vous ne le savez pas, eh bien, moi, je vais le savoir.

Il s'est tourné vers l'accusé:

— Qu'est-ce qui se passe, monsieur Duchaussoy? Votre avocat vous demande de venir témoigner.

— Non, a dit alors mon client, je plaide coupable à l'accusation!

— Quoi? s'est étonné le juge.

— Je plaide coupable à l'accusation.

— Très bien, très bien.

Le juge s'est tourné vers les jurés et leur a expliqué qu'ils avaient le devoir de rendre un verdict.

— Vous avez la preuve devant vous, a-t-il insisté. L'aveu, c'est une preuve. Je vais vous demander de vous retirer et de revenir avec un verdict.

À peine quinze minutes plus tard, ils étaient revenus devant la cour, et le verdict est tombé: coupable! Le juge a rendu sa sentence. J'ai plaidé que c'était un meurtre au deuxième degré, passible de dix à vingt-cinq ans de pénitencier. J'ai dit que le minimum était de dix ans et que ce serait une sentence correcte dans les circonstances. La Couronne ne s'est pas objectée.

— Très bien, a déclaré le juge. Je vous condamne à la prison à perpétuité avec un minimum à purger de douze ans!

Encore une cause bizarre que ne vivent habituellement pas les autres criminalistes. Un client qui plaide coupable en plein procès, après deux semaines d'audiences. Je ne savais pas quoi dire à son frère, qui s'était démené et qui avait déboursé beaucoup d'argent pour l'aider. Sa famille était découragée. Le client nous avait tous laissés tomber. Et moi, que pouvais-je dire à mon client avant qu'il parte pour le pénitencier? Qu'il était un total imbécile?

Finalement, je ne lui ai rien dit. J'ai consolé son frère. Il n'était pas choqué contre moi, mais contre Fernand. Je me sentais terriblement mal. J'avais fait mon travail consciencieusement, j'étais prêt à plaider. J'avais confiance pour le verdict.

C'était la décision de Fernand Duchaussoy. C'était sa vie.

Finalement, il a passé plusieurs années derrière les barreaux et, en 1991, il s'est pendu au pénitencier de Cowansville avec ses lacets de soulier.

Ironie du sort, et fort probablement fatalité génétique, vingt-huit ans plus tard, le vendredi 22 novembre 2013, son fils Michel, âgé de quarante-trois ans, a été accusé du meurtre sauvage et gratuit d'un chauffeur de taxi, Ziad Bouzid, un ingénieur algérien, père de trois enfants, qu'il ne connaissait même pas. Ce dernier a été abattu de trois projectiles, deux jours plus tôt, dans l'arrondissement Côte-des-Neiges–Notre-Dame-de-Grâce de Montréal, et le mobile du crime demeure nébuleux.

Ce que l'on sait, c'est que Duchaussoy était accompagné d'une femme lorsqu'il a abattu le chauffeur de taxi de la compagnie Diamond et qu'il a été arrêté deux jours plus tard par les policiers de Longueuil après une intensive chasse à l'homme. Dans les années précédentes, il avait déjà tenté de s'enlever la vie à quelques reprises et il avait reçu des soins psychiatriques à l'Institut universitaire en santé mentale Douglas de Montréal. Triste histoire.

Chapitre 16

J'entre aux États-Unis par la grande porte

Depuis maintenant vingt-cinq ans, je suis le seul criminaliste qui défend régulièrement des Québécois aux prises avec la justice chez nos voisins du Sud. Je le fais une vingtaine de fois par année. Ce qui m'a permis de visiter les tribunaux d'environ quarante-cinq états américains et de représenter près de 2 250 clients dans le pays de l'oncle Sam.

La cause qui m'a amené cette manne de clients demeure inoubliable et ceux qui y ont été impliqués le sont tout autant puisqu'ils sont devenus des amis personnels, qui me sont chers. Cette affaire m'a valu beaucoup de publicité, mais, cette publicité, je l'ai orchestrée et elle a servi la cause que je défendais.

Tout a commencé par un appel inattendu, un dimanche soir de tempête de neige en 1989. Mon ami et ex-associé François Gérin, alors député de Mégantic-Compton-Stanstead, dans les Cantons-de-l'Est, était au bout du fil.

Des concitoyens de Coaticook l'avaient appelé à l'aide. L'un des leurs était aux prises avec la justice américaine et ils ne savaient pas quoi faire.

— Jean-Pierre, il faut absolument que tu te libères et que tu rencontres Carole McDuff, l'épouse de Richard Bilodeau, un camionneur québécois arrêté dans l'État du New Hampshire. Sa famille est découragée. Ce sont des gens bien. Richard est un professionnel de la route et il est impliqué dans une affaire grave. Ils veulent absolument te voir et ça presse…

Je l'ai interrompu :

— Je ne peux pas, j'ai de la visite chez moi…

— Jean-Pierre, a-t-il insisté, il faut que tu te libères. Ils sont désespérés. Ils m'ont demandé de les aider, ils ont vraiment besoin de toi et je sais que tu peux le faire.

— OK, dis-leur de se rendre à mon bureau à 18 heures.

Carole McDuff était accompagnée de son frère Mario et de sa mère. Ils m'ont fait part de leur désarroi et m'ont raconté que le camionneur d'expérience était parti de chez lui le matin du 29 novembre 1989 dans un fardier tout neuf de la compagnie Pelletier Transit, chargé de longues planches de bois attachées en paquets.

Arrivé à la hauteur de Warren, dans l'État du New Hampshire, il amorçait une courbe sur la route 25 pour traverser un pont qui enjambait la rivière Baker quand une auto-patrouille est arrivée en sens inverse. En voulant l'éviter, Bilodeau a donné un coup de volant. Son lourd chargement, déstabilisé, s'est renversé sur l'auto-patrouille, tuant sur le coup les deux policiers à bord, Runny Gearty, vingt-huit ans, et Gary Parker, trente ans, ainsi qu'un individu qu'ils venaient d'arrêter pour voies de fait, Brian Goodwin, vingt-six ans.

La famille Bilodeau était dans tous ses états, d'autant plus que Richard Bilodeau avait été arrêté par des confrères des victimes. Il avait été accusé de négligence criminelle ayant causé la mort. Le juge, Robert K. E. Morrill, avait refusé de le remettre en liberté en attendant son procès, à moins de verser un cautionnement de 50 000 $. La famille de l'accusé s'était présentée en toute bonne foi au New Hampshire avec les 50 000 $ exigés, mais le procureur du district, Me James Eamus avait changé son fusil d'épaule. Il craignait que le camionneur retourne au Québec et ne revienne jamais s'il était libéré. Il avait donc demandé au tribunal qu'on hausse le cautionnement à 500 000 $ et le juge avait entériné sa requête ! Bilodeau était donc détenu à la prison du comté de Grafton et il ne pouvait pas revenir au pays avant son procès.

Je n'avais jamais pratiqué aux États-Unis. J'ai fait part de la situation à la famille en leur expliquant que ça allait coûter cher et je leur ai demandé, évidemment, qui allait me payer.

— Inquiète-toi pas, mon p'tit garçon, a répondu la mère de Carole, on est capables de te payer !

C'était une famille de travailleurs acharnés, des bâtisseurs de logements ; une famille tricotée serrée qui avait le désir et les moyens de soutenir la défense d'un de ses membres.

Dès le lendemain matin, j'ai téléphoné à quelques connaissances que j'avais au Vermont et suis entré en communication avec un bureau d'avocats du New Hampshire. Je cherchais un partenaire pour représenter le camionneur, car je ne faisais pas partie du Barreau de cet état. Je ne pouvais qu'assister un avocat américain. J'ai raconté la cause. Ils avaient entendu parler de cet accident. Ils étaient intéressés, mais à condition de leur verser une avance comprise entre 75 000 $ et 100 000 $.

Je trouvais évidemment les montants très élevés. Je suis tombé finalement sur Me Peter Decato, un avocat de la région où l'accident s'était produit et, coup de chance, sa famille possédait une entreprise de camionnage. Je l'ai rencontré et il s'est montré intéressé. Il m'a informé qu'un dépôt de 25 000 $ lui conviendrait. J'en ai parlé à la famille et nous nous sommes mis d'accord pour l'engager.

On a déposé aussitôt des requêtes pour faire diminuer le cautionnement, mais elles ont toutes été refusées. Le juge Morrill affirmait chaque fois qu'il n'était pas certain que l'accusé reviendrait subir son procès s'il lui rendait sa liberté, et il demeurait inflexible.

J'en ai fait part à mon ami François Gérin. Je lui ai demandé si le ministre de la Justice du Canada par intérim, Joe Clark, ferait une déclaration à cet effet à la Chambre des communes. Il pourrait dire que l'accusation portée contre ce Canadien se trouvait dans le traité d'extradition signé avec les États-Unis et que, s'il ne se présentait pas à son procès, le Canada verrait à le retourner de force chez nos voisins du Sud. Notre suggestion a été entérinée. Le ministre a fait la déclaration au Parlement et je me suis présenté au tribunal américain avec le document en main. Je l'ai remis au procureur du district et il en a fait part au juge.

— Ce n'est pas suffisant, a conclu ce dernier, pas assez pour me rassurer que l'accusé va se présenter.

Cette affaire était suivie assidûment par les médias de la région et j'en ai profité. Je sentais qu'ils étaient de notre côté depuis le début. Des Américains du New Hampshire envoyaient des cartes de Noël à mon client emprisonné, d'autres avaient apporté des cadeaux à ses enfants, qui assistaient aux audiences avec Carole, son épouse. Je suis sorti de cour et je ne me suis pas gêné pour lancer devant les médias :

— Si un juge américain ne croit pas le ministre de la Justice du Canada, quel genre de relations y a-t-il entre nos deux pays ? Cela n'a absolument aucun sens ! Nous sommes outrés. Le message du juge est clair : Américains, restez chez vous et Canadiens, ne venez plus ici, car vous voyez comment on traite de supposés alliés. Notre ministre de la

Justice a été bafoué par votre système de justice. Tout est là pour un incident diplomatique qui pourrait avoir des répercussions graves !

J'en mettais… L'après-midi, j'ai reçu un appel de Jean-Luc Mongrain. Il animait alors la très populaire émission *Mongrain de sel* à TVA. L'affaire Bilodeau retenait toute l'attention des Québécois à ce moment-là et Jean-Luc m'a dit :

— Les Américains veulent 500 000 $ de cautionnement pour Bilodeau ? Viens donc à mon émission demain avec Carole, l'épouse de Richard Bilodeau, et tu vas voir, on va les trouver, les 500 000 $!

On a donc créé le Fonds d'aide à Richard Bilodeau et ouvert un compte en fiducie à la Caisse populaire de Coaticook. L'émission a eu lieu le 15 décembre 1989. On a assuré les téléspectateurs que, s'ils versaient de l'argent dans ce compte, il leur serait remboursé lorsque la cause du camionneur serait terminée. Carole Bilodeau est venue rendre un témoignage très émouvant. On a insisté sur le fait que les camionneurs et les gardiens de prison du New Hampshire étaient tellement touchés par les problèmes de son mari que les autorités pénitentiaires nous ont permis de l'avoir en ondes à l'émission à partir de la prison.

Même si on était en pleine période des Fêtes, l'injustice que vivait Bilodeau a ému tant de Québécois qu'en seulement quelques heures on avait amassé 430 000 $! En plus des dons des téléspectateurs, plusieurs hommes d'affaires s'étaient joints à nous, prêts à nous aider à atteindre le montant de 500 000 $. La famille Désourdy de Bromont, des gens bien connus de la région, avait promis formellement de le faire si cela s'avérait nécessaire. Et, au moment de leur offre, il manquait encore plus de 100 000 $.

Le vendredi 15 décembre 1989, j'ai appelé Me Decato au New Hampshire pour qu'il avise le procureur du district et le juge qu'on avait déjà amassé 430 000 $ et que, dès lundi matin, on se présenterait avec les 500 000 $ requis.

— *You're not serious !* s'est-il écrié.

— *Yes sir, I am !* C'est ça, le Québec : ses habitants ont de l'empathie et savent se serrer les coudes pour aider un semblable.

Il m'a rappelé quelques minutes plus tard.

— Ils viennent de s'apercevoir que cette affaire n'a pas d'allure. Ils sont prêts à libérer Bilodeau dès demain matin, samedi, avec 100 000 $ de cautionnement.

Le lendemain matin, la famille Bilodeau, le député François Gérin et moi-même nous sommes présentés à nouveau devant le juge Morrill avec une traite bancaire de 100 000 $ qui a rendu à mon client sa liberté.

Je me suis immédiatement rendu à la prison. Les gardiens, qui éprouvaient tous de la sympathie pour Bilodeau, l'ont libéré en le félicitant chaudement. Je nous revois avec Richard, devant une grande fenêtre au deuxième étage, envoyant la main aux médias et aux nombreux curieux rassemblés sur les lieux.

Nous avons quitté la prison sous les flashs des caméras et, lorsque nous sommes arrivés aux douanes, j'ai demandé à mon client de traverser symboliquement la frontière à pied, afin que les caméras enregistrent la scène.

À Coaticook, une grande fête avait été organisée pour souligner le retour de celui qui avait passé dix-sept jours dans un pénitencier américain. On avait réservé une grande salle à cet effet. Des centaines de personnes étaient présentes pour l'accueillir et, partout dans la ville, des pancartes lui souhaitaient «Bienvenue, Richard !». La télé et les journaux, en grand nombre, rapportaient l'événement et, conséquemment, tous les Québécois ont festoyé en l'honneur de cet accomplissement collectif admirable.

Le procès devant jury du camionneur s'est déroulé au palais de justice de Woodsville, sous la présidence du juge

Morrill, le même qui l'avait accusé. Eh oui, c'est ainsi aux États-Unis. Ce fut un procès de confrontations d'experts en reconstitution d'accidents. Il y en avait sept différents pour la poursuite. Ils en sont tous venus, plans explicatifs en main, à la même conclusion : l'accident s'est produit parce que Richard Bilodeau, pour prendre la courbe menant au pont où l'impact s'est produit, n'était pas dans la bonne voie. Il a emprunté la voie opposée, d'où a surgi l'auto-patrouille. Pour en faire la preuve, les experts ont présenté des photos qui montrent une longue trace laissée par la jante de la roue arrière du camion sur la route. Cette trace, ont-ils affirmé, remonte au moment précis où le camionneur, voyant l'auto-patrouille apparaître devant lui, a donné un coup de volant pour l'éviter et que son lourd chargement s'est renversé sur eux. On voit bien, ont-ils précisé, que cette marque s'est faite sur le côté opposé de la route.

Pour les contredire, j'avais trouvé le témoin idéal, William Burrill, un ingénieur d'Albany, dans l'État de New York, un expert en reconstitution de scènes d'accidents lui aussi. Mais pas n'importe lequel.

— Monsieur Burrill, êtes-vous un expert en la matière ?

— Oui.

— Êtes-vous d'accord avec les affirmations des sept témoins ?

— Absolument pas. Ce n'est pas ainsi que j'enseigne cette technique à l'Académie de police.

— Vous enseignez à l'Académie de police la reconstitution d'accidents ?

— En effet, j'ai travaillé dans quarante-huit États pour près de soixante-dix corps de police différents. Je fais des reconstitutions d'accidents pour eux. Et ce n'est pas ainsi qu'on procède.

— Et pourquoi n'êtes-vous pas d'accord avec leur méthode ?

— Quand ils se sont présentés sur les lieux, ils en étaient déjà arrivés à une conclusion et ont fait coïncider les marques avec la jante de roue. Ce qu'on leur enseigne, c'est d'examiner les marques avant de conclure. Ils ont donc commencé leur enquête avec une conclusion erronée.

— Pouvez-vous nous démontrer cela ?

— La marque sur la chaussée n'a pas été faite par la jante de roue. Cela a été provoqué par un des paquets de planches de bois qui se sont déplacés et c'est le coin d'un de ces paquets qui a fait la marque. Je me suis rendu sur les lieux, j'ai pris un des morceaux de bois et l'ai inséré dans la marque. L'assemblage était parfait.

William Burrill, un homme de plus de deux mètres, est sorti du box des témoins et est allé chercher la lourde jante de roue qui a été mise en preuve. Il l'a soulevée et l'a apportée devant les jurés.

— Vous voyez que cette jante de roue est parfaitement ronde. Si elle avait touché l'asphalte comme les sept experts le prétendent, elle serait endommagée, mais elle ne l'est pas du tout. J'ai témoigné mille six cents fois devant la cour, a-t-il conclu, et jamais je n'ai vu une jante de roue aussi parfaite. Ce n'est donc pas cela qui a touché le sol, mais plutôt la cargaison de bois.

Après ce témoignage éloquent en notre faveur, il fallait que je fasse témoigner mon client afin qu'il explique comment s'était produit l'accident. Le problème, c'était que, comme plusieurs camionneurs, il était un individu renfermé, peu loquace et qui s'exprimait en peu de mots. Je lui ai donc expliqué qu'il n'avait qu'à relater les faits, tels qu'ils s'étaient produits.

— Tu t'en viens avec ton camion, tu aperçois deux phares en avant de toi. Tu lâches le frein à compression, le « frein Jacobs » pour les connaisseurs, et tu donnes un coup de

volant pour tenter de l'éviter. Ça donne un choc et le camion
bascule, renversant les paquets de bois.

Cependant, il y avait un problème. Richard Bilodeau avait
déjà fait une déclaration à un certain caporal Bouchard de la
police locale après l'accident. Ce dernier lui avait demandé
ce qui s'était passé lors de l'accident.

— Je ne sais pas, avait-il répondu.

J'ai donc décidé de contre-interroger le caporal Bouchard à ce propos. Le juge m'avait donné la permission de
le faire, même si je n'étais pas assermenté par le Barreau
du New Hampshire, parce que Bouchard parlait un peu le
français.

— Vous avez interrogé mon client en français, mais y
a-t-il des mots que vous comprenez mal dans cette langue?

— Bien oui, c'est certain.

Le juge est intervenu et, étant donné que la déclaration
de mon client était transcrite et qu'elle avait été enregistrée sur une cassette, il m'a proposé d'ajourner l'audience et
de rencontrer le caporal en privé pour éclaircir son témoignage à venir.

Le policier était d'une extrême politesse avec moi. Je
fis de même, je l'ai félicité pour son bon travail et lui ai
demandé de clarifier ses propos sur la déclaration.

— Vous lui demandez, à un moment donné: «C'est quand
votre dernier chauffage?» Savez-vous que «chauffage», c'est,
par exemple, quand on chauffe une maison, pas quand on
conduit?

Je lui ai signalé plusieurs endroits où il n'employait pas
les bons termes français et il était d'accord avec moi dans
chacun des cas.

— Quand vous lui avez demandé *what is the reason for
the accident*, quelle est la raison de l'accident, vous auriez
dû lui demander comment s'est produit l'accident. Vous lui
avez demandé si la raison de l'accident était un *act of God*,

le résultat du destin ou du hasard, voyons! Si vous lui aviez demandé comment c'est arrivé, il vous l'aurait dit.

— Je le sais, a-t-il dit humblement, j'ai mal posé ma question. Il n'a rien compris. Il ne savait pas ce que cela signifiait.

— Mon client a pensé que vous lui demandiez si c'était à cause de Dieu… Vous auriez dû lui demander comment il expliquait l'accident.

— C'est vrai, vous avez raison.

Le lendemain, devant le juge, je lui ai fait répéter qu'il avait mal posé la question et, honnête, il l'a avoué devant les jurés. Un autre bon point pour la défense.

Le procureur de l'État du New Hampshire voulait aussi mettre en preuve que mon client avait déjà eu un accident dans l'État de New York. Il avait fait une sortie de route supposément en s'endormant au volant. Deux policiers sont venus le confirmer. L'un des deux était en train de témoigner lorsque j'ai demandé au juge de pouvoir le contre-interroger, car, mon client ne parlant pas anglais, il pourrait y avoir mauvaise compréhension. Je lui ai fait confirmer que mon client avait de la difficulté à s'exprimer en anglais. Je lui ai demandé :

— *Do you remember Richard Bilodeau told you he had lost control of his truck while trying to avoid a* chevreuil*?* Vous souvenez-vous qu'il vous a dit qu'il avait perdu la maîtrise de son camion en voulant éviter un chevreuil?

— *A what?* a demandé le policier.

— *A* chevreuil. *You don't know what it is? Do you know the french word for deer?*

— *No.*

— *A deer is a* chevreuil. *Can you repeat that word,* chevreuil*?*

— Chevrrr… *No, I can't.*

— *Is it possible that my client told you that he tried to avoid a deer?*

— *I don't remember exactly what he told me...*
— *Let's start over. What is the french word for deer?*
— Euh...
— *I repeat, what is the french word for deer?*
— Chevrreuil..., a-t-il répété avec beaucoup de difficulté après que je le lui ai rappelé.
— *Do you remember that he was not very good in English?*
— *Yes.*
Je lui ai demandé à nouveau :
— *How do you say deer in French?*
— Euh...
— *Is it possible that he told you and you don't remember it?*
— *Yes, it's possible.*

J'ai aussi fait témoigner l'épouse d'un policier, qui est venue dire qu'elle avait déjà été arrêtée par les deux policiers morts dans l'accident.

— Quand ils m'ont emmenée au poste, ils roulaient à 100 milles à l'heure.

Un autre bon point pour ma défense, le juge m'avait permis d'interroger mon client en français. Son témoignage avait, par la suite, été traduit par un interprète. Il avait témoigné en quelques mots, mais il l'avait bien fait.

Un des témoignages clés de toute l'affaire avait été celui du premier témoin de la poursuite à arriver sur les lieux de l'accident. Un maniaque de vitesse ; il circulait sur la route 25 en direction du pont à une vitesse de 75 à 80 milles à l'heure.

— À un moment donné, je vois des clignotants de police. Je me dis : «Pas encore pour moi», et j'abaisse ma vitesse à 60. Deux autos-patrouilles me dépassent en flèche. Une tourne à une intersection et l'autre continue en direction du pont. Quelques minutes plus tard, j'ai vu qu'elle était entrée en collision avec un camion.

—Vous qui êtes un spécialiste de la vitesse dans la région, le fameux pont, à quelle vitesse peut-on l'aborder ?

— J'ai essayé toutes les vitesses, a-t-il répondu. À 25, ça va. À 30, ça va encore. Mais à 40, ça commence à déborder un peu. À 50, il faut prendre la courbe par l'intérieur pour pouvoir ramener le véhicule à temps. Plus rapide que ça, c'est trop vite.

On avait en main les statistiques démontrant la distance parcourue par l'auto-patrouille lors de l'accident et le temps nécessaire pour la franchir, et on a estimé leur vitesse : 75 milles à l'heure. C'est ce qu'on a plaidé devant les jurés : les policiers roulaient à 75 milles à l'heure en sortant du pont. Ce n'était pas notre client qui avait débordé de la route, mais eux qui arrivaient face au camion de Richard Bilodeau.

Une fois que le procureur et nous eûmes conclu nos plaidoiries, le juge a donné ses instructions et les jurés se sont retirés. Une heure plus tard, ils revenaient déjà avec leur verdict. Comme le veut la coutume aux États-Unis, ils ont donné une courte conférence de presse aux médias d'abord, puis ils sont venus rendre leur décision devant la cour : non coupable !

Le tribunal était bondé de policiers du coin et leur réaction au verdict a été sans équivoque. Ils sont sortis de la salle d'un bloc en gesticulant et en jurant. Ils étaient en furie. Et quand la femme du policier venue témoigner pour mon client est sortie du tribunal avec son mari, plusieurs les ont accueillis en les pointant, le pouce levé et le majeur tendu en leur direction, comme s'ils tiraient sur eux avec des revolvers…

Chapitre 17

Nul n'a le droit de se faire justice

La plupart des gens savent que, dans notre société, on n'a pas le droit de se faire justice soi-même. C'est écrit noir sur blanc dans notre code pénal et c'est une notion générale-ment connue. Mais il y a des exceptions.

Même si le système judiciaire veille systématiquement à faire respecter la loi à la lettre, il y a parfois des jurés qui, dans certaines causes, se font influencer par l'opinion publique. Je n'oublierai jamais la cause que j'ai défendue et gagnée en 2000-2001, alors que tout jouait contre mon client et moi-même dans cette affaire.

J'ai dû consacrer toutes mes énergies à ce dossier, tout mon cœur de père de famille, et j'ai exercé tous mes talents d'orateur pour y arriver. Je n'avais qu'une carte en main pour la défense de mon client et le tribunal en a refusé la preuve. Enfin, c'était ma centième cause devant jury. Nul doute que les expériences vécues dans les quatre-vingt-dix-neuf précédentes m'ont grandement servi.

Voici les faits. Le 10 juillet 2000, un père de famille de trente-trois ans avait été accusé devant le juge Jacques Rancourt de la Cour du Québec, à Saint-Jean-sur-Richelieu, de voies de fait graves et de voies de fait armées pour avoir battu sévèrement un chauffeur de transport scolaire qui avait agressé sexuellement son fils de treize ans. La cause avait fait les manchettes et avait failli se terminer rapidement, puisque le premier avocat consulté par ce père de famille lui avait conseillé de plaider coupable pour obtenir la plus petite sentence possible.

— Pendant vingt secondes, avait déclaré le père de famille aux médias, après m'avoir choisi pour le défendre, j'ai failli tout lâcher. On aurait dit que tout était contre moi. J'ai pensé : « Si le système veut ma peau, il va l'avoir », même si dans mon for intérieur je savais que j'étais innocent.

Il avait fait cette déclaration en compagnie d'un de mes amis, l'homme d'affaires de Sherbrooke François Désourdy, qui était venu au secours du père de famille et m'avait demandé de le défendre. M. Désourdy avait décidé de lancer une campagne de financement pour payer les frais juridiques de l'homme. Il n'était pas question que celui-ci plaide coupable à quelque accusation que ce soit.

Je me rappelle comme si c'était hier que, pour justifier son intervention dans cette affaire, François Désourdy avait déclaré aux médias : « Je ne devrais pas dire cela, mais j'aurais fait la même chose que lui… », ce qui représentait l'opinion d'une grande majorité de Québécois dans cette histoire.

Pour ma part, j'avais expliqué aux médias que mon client n'avait pas l'intention de commettre un crime quand il s'en était pris à l'agresseur de son fils.

— Il n'était pas dans un état d'esprit pour comprendre qu'il commettait un crime en voulant défendre son garçon contre ce prédateur sexuel. D'ailleurs, le psychiatre Pierre Gagné va venir l'expliquer au procès.

J'avais pris connaissance de tous les faits reprochés à mon client quand je l'ai rencontré. Ces faits s'étaient produits quatre mois plus tôt, soit le 17 mars 2000.

La veille, mon client et son épouse avaient appris de la bouche de leur adolescent de treize ans que Mario Many, quarante-cinq ans, un sous-traitant de la commission scolaire qui utilisait sa fourgonnette pour faire du transport scolaire, l'avait agressé sexuellement et qu'il jouait souvent à des jeux sexuels avec des copains de son école. En échange de leur silence, il leur donnait un peu d'argent, des friandises, des cigarettes. Les parents du jeune garçon ont décidé d'agir dès le lendemain, au moment où Many viendrait chercher leur fils.

Le matin du 17 mars, l'épouse de l'accusé a téléphoné à la commission scolaire et à la compagnie de taxi pour leur dire qu'elle et son époux ne voulaient plus que l'homme effectue le transport de leur fils. Elle voulait leur raconter les confidences de leur fils, mais elle a joué de malchance. Personne n'a répondu à ses appels. Elle et son mari ont alors décidé de téléphoner aux policiers de la Sûreté du Québec de la MRC du Haut-Richelieu, à Lacolle.

Entre-temps, Many est arrivé à 7 h 50 pour venir chercher leur fils. Pendant que la mère parlait à un policier au téléphone, le père est sorti de la maison et s'est adressé au chauffeur :

— Je veux te parler. Tu dois savoir pour quelles raisons je veux te parler. Reste ici. La police s'en vient. Et tu sais pourquoi…

— Non.

— Oui, tu le sais. Tu vas rester ici. La police s'en vient. Tu donnes des bonbons aux jeunes, tu les agresses. Donne-moi tes clés…

— Ce n'est pas moi qui voulais ça, ce sont les jeunes qui me demandaient de le faire…, a répondu Many en tentant de se sauver.

Le père l'a pourchassé. Many a pris une branche qui se trouvait par terre et a tenté de le frapper. Le père a ramassé ensuite les nunchakus de son fils (des armes de défense japonaises que son garçon avait laissées traîner sur le terrain) et l'a frappé sur la main. Il y a eu échange de coups. Many a été blessé. On a appelé les ambulanciers dès que les policiers sont arrivés sur les lieux.

Many a alors été accusé d'agressions sexuelles sur des personnes de moins de quatorze ans. On a appris qu'il était un pédophile reconnu et qu'il avait été condamné dans quatre autres histoires du genre depuis 1987. Six semaines plus tard, le 8 mai 2000, il a reçu une peine de dix-huit mois d'emprisonnement.

Sachant que le père qui l'avait battu faisait maintenant face à de graves accusations, Many a écrit une longue lettre du fond de sa cellule de la prison de Sorel. Il l'a adressée à Me Claude Labrecque, le procureur de la Couronne chargé de poursuivre le père de famille. Il ne voulait plus témoigner contre le père de famille qui l'avait battu. Il a expliqué que c'étaient les policiers qui lui avaient fortement suggéré de témoigner, mais il avait changé d'idée. Il était furieux, confus. Il précisait, dans la lettre : « En réfléchissant, je sais que c'est de ma faute. Je m'excuse profondément pour les torts que j'ai commis envers cette famille. Je sais que j'ai un problème et que c'est à moi de le régler. C'est aussi contre ma nature d'être méchant et d'en vouloir à autrui... »

Mario Many a tenu parole. Cité comme témoin à charge à l'enquête préliminaire du père de famille présidée par le juge Lucien Roy, le mardi 7 novembre au palais de justice de Saint-Jean-sur-Richelieu, il a refusé de témoigner.

— J'ai fait assez de mal à cette famille-là, a-t-il déclaré, je ne veux pas témoigner.

J'étais persuadé, alors, que la Couronne retirerait la plainte contre mon client. Malheureusement, elle a déposé en preuve la déclaration que Many avait faite aux policiers et dans laquelle il insistait pour porter plainte contre son agresseur. Je me suis objecté. J'ai prétendu qu'on n'avait pas à la présenter puisque le pédophile reniait cette déclaration et ne voulait plus porter plainte. J'ai demandé que mon client soit libéré sur-le-champ. Mais le juge ne l'entendait pas ainsi. Il a lu la déclaration, a accepté qu'elle soit déposée en preuve, mais il a décidé que le père de famille devait tout de même subir un procès. C'est clair pour moi que le tribunal ne voulait pas endosser la responsabilité de libérer quelqu'un qui s'était fait justice lui-même.

Je n'ai pu m'empêcher de déclarer publiquement, à ce moment-là:

— On se demande pourquoi le ministère de la Justice veut absolument faire payer les contribuables pour un procès devant jurés alors que la victime elle-même ne souhaite pas poursuivre son agresseur. Tout le monde semble pourtant s'entendre pour dire que ça n'a pas de bon sens.

Bon sens ou pas, le procès a bel et bien eu lieu en novembre 2001 devant un jury composé de six hommes et de six femmes, présidé par l'honorable juge Claire Barrette-Joncas. Je m'étais assuré qu'il y avait, parmi les jurés, plusieurs pères et mères de famille.

Mario Many a finalement témoigné, mais avec hésitation, presque du bout des lèvres. Il a parlé de son passé de pédophile, soutenant qu'il avait un problème à cet égard, mais qu'il n'avait jamais touché aux enfants. Il a raconté avec exactitude l'agression dont il a été victime de la part de l'accusé. Il a décrit ses blessures. J'ai insisté pour lui rappeler qu'il ne voulait plus témoigner à l'enquête et lui ai demandé pourquoi il avait changé d'idée.

— Parce qu'ils veulent que je témoigne, alors je témoigne...

Je me suis vite aperçu que, sans explications, toutes les objections que je faisais durant les audiences étaient immédiatement refusées par l'honorable Claire Barrette-Joncas. C'était évident de sa part, comme de celle de la Couronne, qu'on ne pouvait accepter que mon client se soit fait justicier.

Les faits étaient incontestables et les chances de faire acquitter mon client, plutôt minces. Je n'avais qu'un atout en main. J'avais fait examiner mon client par le psychiatre Pierre Gagné. Il m'avait confirmé que le père de famille avait disjoncté quand, apostrophant le chauffeur d'autobus, ce dernier lui avait répondu : « Ce n'est pas moi qui voulais ça, ce sont les jeunes qui me demandaient de le faire. » Il a eu un *black-out* et ne savait plus ce qu'il faisait quand il a battu l'agresseur de son fils.

J'ai donc annoncé au tribunal :

— Mon prochain témoin est le Dr Gagné…

— Un instant, maître Rancourt, est intervenue la juge.

Elle a fait sortir les jurés et m'a demandé pourquoi je souhaitais faire entendre le Dr Gagné.

— Parce que, Votre Honneur, il va venir expliquer dans quel état d'esprit était mon client quand cette affaire s'est produite.

— Mais ce n'est pas un article 16, une défense d'aliénation mentale ! m'a-t-elle fait remarquer.

Elle a cité quelques cas de jurisprudence et a décidé :

— Non, je n'entendrai pas ce témoin, requête refusée.

— Mais, Votre Honneur, c'est ma seule défense.

— Non, je refuse.

Je me suis évidemment rendu compte que j'étais loin de pouvoir gagner cette cause-là. Je me fiais à mon client qui avait bien précisé, lors de son témoignage, que lorsque le chauffeur avait rendu les jeunes responsables des gestes à caractère sexuel, il avait littéralement explosé. Il avait lui-même été victime d'agression sexuelle dans sa jeunesse, et cela expliquait en partie sa réaction soudaine.

— Je suis tombé dans les bleus, avait-il expliqué. C'était comme dans un rêve. J'ai arrêté de frapper quand je l'ai entendu dire d'arrêter parce que j'allais le tuer. J'ai vu du sang, il a dit : «Arrête, tu vas me tuer», j'ai reculé de cinq mètres et je lui ai dit de fermer sa gueule, de ne plus dire un mot et d'attendre la police.

Il ne me restait que ma plaidoirie pour tenter de sauver la mise. La veille, la magistrate m'a demandé :

— Qu'allez-vous plaider, maître Rancourt ?

— Je vais expliquer que mon client a eu un *black-out* au moment des gestes reprochés, et ainsi de suite.

— Mais vous n'avez pas fait entendre de psychiatre !

— Je n'en ai pas fait entendre parce que vous n'avez pas voulu entendre celui que j'avais choisi…

— J'ai pris cette décision en respectant les normes, maître Rancourt.

— Ok, je vais quand même expliquer aux jurés comment tout cela s'est passé et ils jugeront.

— Parfait, maître Rancourt, je rectifierai tout cela lorsque je m'adresserai aux jurés. Au fait, où vous placerez-vous pour plaider, maître ?

— Devant les jurés, comme je le fais depuis vingt-cinq ans.

— Non, ne vous approchez pas des jurés.

— Voyons, Votre Honneur ! Je ne les toucherai quand même pas, je vous le promets si vous insistez.

— Non, vous allez plaider dans le box des témoins.

— Dans le box des témoins ? Par-dessus les policiers et les représentants de la Couronne ?

Je ne comprenais pas. À Saint-Jean-sur-Richelieu, le box des témoins est très loin des jurés.

— Parfait, puisque je n'ai pas le choix, ai-je conclu.

Je n'ai pas plaidé dans le box des témoins. J'ai fait toute ma plaidoirie dans le box des accusés, en compagnie de mon client, à qui la juge avait aussi refusé de s'asseoir à côté de moi pendant la durée du procès, même s'il n'était pas détenu. À une dizaine de mètres des jurés !

— Votre Honneur, je vais être obligé de parler plus fort, mais j'ai décidé que je voulais être proche de mon client.

— Comme vous voulez…

J'ai mis le paquet durant ma plaidoirie. Les jurés étaient des mères et des pères de famille, et j'ai insisté, et insisté, sur leurs instincts maternels et paternels. Je leur ai demandé à plusieurs reprises, dans tous les mots et toutes les nuances possibles, comment ils auraient réagi, eux, devant un pédophile qui a agressé leur enfant et qui leur lance en plein visage que ce n'est pas de sa faute, mais celle des enfants. Et je me suis croisé les doigts, littéralement.

La Couronne a insisté sur le fait que nul n'a le droit de se faire justice soi-même, peu importe les circonstances. La juge a renchéri que la loi était claire et nette à ce sujet, et elle a fait remarquer que ma théorie du *black-out* n'était pas justifiée par un témoin expert (!) pour faire acquitter l'accusé.

Les jurés sont partis délibérer. À leur retour, leur verdict est tombé : non coupable ! La juge, visiblement outrée, s'est levée soudainement et a quitté immédiatement la cour, sans dire quoi que ce soit. Pas question de boniment ni de remerciements pour ces citoyens qui avaient fait leur devoir, comme le veut la tradition et comme le font tous les magistrats après un verdict. Et pas question d'expliquer pourquoi elle m'avait semblé hostile durant tout le procès, ce qui, d'ailleurs, avait sûrement incité les jurés à pencher pour ma défense plutôt qu'à endosser la preuve de la Couronne.

À ce moment-là, la salle d'audience, bondée d'amis et de gens venus soutenir mon client, a explosé d'applaudissements et de cris de joie tellement cette affaire leur tenait à cœur, comme à une grande majorité de Québécois. Les journalistes et les photographes se sont précipités sur mon client et moi. Dans les médias, le lendemain, on nous voyait enlacés, lui de dos, moi de face, de manière à ce que son visage ne paraisse pas publiquement pour ne pas révéler l'identité de son fils et ne pas nuire à son avenir.

Commentant son acquittement, il a laissé ce message à ses concitoyens :

— Si vous avez des problèmes avec un pédophile, appelez la police et laissez-les faire leur travail !

Durant toute ma carrière, je me suis toujours promis de ne jamais représenter un agresseur d'enfants. Dans cette cause, mon cœur de père a mené une bataille contre les pédophiles, et je l'ai gagnée. Dans mon esprit, ce fut une autre belle victoire pour moi, mais surtout une rare et grande victoire pour M. et Mme Tout-le-monde.

Le camionneur Richard Bilodeau avec sa femme après son acquittement, en ma compagnie et celle de Me Peter Decato (à l'extrême gauche), mon associé américain, après son procès à Woodsville, dans l'État du New Hampshire.

Une famille heureuse, le camionneur Richard Bilodeau, que j'ai fait acquitter en 1989 pour avoir tué trois policiers américains avec son poids lourd, en compagnie de sa femme, Carole McDuff, et de leur jeune fils.

La première page du *Journal de Montréal* le lendemain de l'acquittement, en novembre 2001, du père de famille qui avait battu le chauffeur d'autobus pédophile qui avait agressé son fils.

Dans l'hebdomadaire *Allô Police*, les parents de l'adolescent victime d'un chauffeur d'autobus pédophile avaient été maquillés afin qu'on ne puisse pas identifier leur fils adolescent, pour les besoins de l'émission du midi de François Paradis à TVA.

Avec Pierre Larochelle, en octobre 2002, le dernier accusé de meurtre que j'ai défendu. Il n'a écopé que de trois ans de pénitencier pour avoir tué sa femme, qui le trompait.

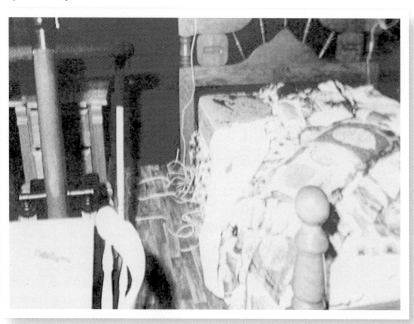

Le 11 octobre 2000, on avait retrouvé le corps de la femme de Larochelle, Céline Carrière, suspendu près de la tête de son lit, une corde de nylon jaune enroulée autour du cou et autour du poteau de lit.

Devant la cour de justice du Nunavut, où je me rends plusieurs fois par année depuis plus de vingt ans pour défendre Blancs et Inuits pris dans les rouages du système judiciaire.

À l'entrée d'Iqaluit avec Joanassie Kilabuk, un de mes bons amis, dont le père, Nelson Soucy, est blanc et la mère, inuite. À l'âge d'un an, Joanassie avait été donné en adoption à des Inuits et il a vécu dans la nature pendant treize ans, sans eau, sans électricité.

Chaque fois que je me rends à Iqaluit, je suis en admiration devant les sculpteurs de pierre qui réussissent des chefs-d'œuvre, souvent dans la journée.

J'ai été assermenté comme premier avocat du Québec à devenir membre du Barreau du Nunavut par le juge René Foisy le 26 septembre 2011. On portait tous deux nos vestes de phoque.

J'ai intenté une poursuite de 900 000 $ contre le ministère de la Sécurité publique et la Commission des libérations conditionnelles en compagnie de Me Roxane Hamelin (au centre), au nom de Sylvie Girard (à gauche), la mère d'Alexandre Livernoche, treize ans, enlevé, violé et tué à Sorel-Tracy par le pédophile Mario Bastien le 4 mai 2000.

Me Frank Shoofey, qui nous a quittés dans des circonstances dramatiques le 15 octobre 1985, abattu par deux tueurs à gages jamais identifiés, m'avait donné le meilleur conseil qu'un criminaliste puisse recevoir, et je l'ai appliqué durant toute ma carrière : ne jamais refuser d'entrevues avec les journalistes.

Comment oublier ce moment ? Mon fils Jean-Samuel avec la coupe Stanley à mon yacht club du lac Memphrémagog, le 22 juillet 1993.

Une autre photo que je chérirai toujours, avec le légendaire numéro 9, Maurice Rocket Richard.

J'ai appris, tout jeune criminaliste, à collaborer avec les médias et c'est une pratique à laquelle je n'ai jamais dérogé et qui a servi la cause de plusieurs de mes clients.

Chapitre 18

Ma dernière cause de meurtre

J'ai plaidé ma dernière cause de meurtre à la fin de l'année 2002, non pas parce que je mettais un terme à ma carrière de criminaliste, mais parce que, en 2000, s'est présentée l'occasion d'affaires à laquelle je rêvais depuis longtemps : posséder un journal judiciaire. J'aurais donc moins de temps à consacrer à ces causes devant jury qui demandent des heures de recherches et qui, la plupart du temps, s'étirent sur des semaines d'audiences.

La cause en question était celle de Pierre Larochelle, trente-six ans, accusé du meurtre au premier degré, donc prémédité, de son épouse, Céline Carrière, trente-cinq ans. Le meurtre avait été commis dans la nuit du 12 octobre 2000 dans leur bungalow d'Omerville, près de Magog, dans les Cantons-de-l'Est.

Ce sont les parents de Larochelle qui sont venus me voir le lendemain de la découverte du drame. Leur fils venait d'être trouvé ensanglanté, presque mort, dans sa résidence d'Omerville. Il avait étranglé sa femme avec une corde, puis il avait tenté, sans succès, de se pendre avec la même corde. Il s'était ensuite tranché les poignets.

Je m'étais tout de suite rendu devant le juge Paul-Marcel Bellavance de la Cour supérieure à Sherbrooke et avais déposé une requête en cautionnement. C'est ce que doit faire un avocat de la défense dans une cause de meurtre. Cependant, lors de l'audience en requête de cautionnement, la mère de la victime a témoigné en faveur de celui qui était accusé d'avoir tué sa fille. C'était particulier. Elle a déclaré qu'il était une bonne personne, un père de famille responsable, autoritaire et qui s'occupait bien de ses enfants. Sans dénigrer sa propre fille, elle a admis que celle-ci avait commencé à sortir avec un autre homme. En fait, elle souhaitait qu'on fasse confiance à son gendre et qu'on lui accorde sa liberté en attendant la tenue de son procès. Son témoignage a fait pencher la balance en faveur de Pierre Larochelle et il a obtenu un cautionnement, ses propres parents se portant garants d'un important montant d'argent pour qu'il se présente au procès à venir.

Toute cette histoire avait commencé au mois d'août 2000, quand Céline Carrière s'était aperçue qu'elle était attirée par le meilleur ami de son mari, Jean Boudreau. Ce dernier les avait accompagnés durant des vacances, et ce qui devait arriver arriva. Elle en avait parlé à son mari et avait décidé de le quitter. Celui-ci lui avait alors proposé de continuer d'habiter leur domicile, elle au sous-sol et lui à l'étage supérieur, afin de pouvoir continuer de bien s'occuper de leurs deux filles. Il l'aimait et croyait ainsi pouvoir la reconquérir, refusant de croire qu'elle était follement éprise de son ami.

Malgré leur séparation, il était persuadé qu'elle allait lui revenir un jour, car, certains soirs, il allait lui rendre visite au sous-sol et ils faisaient l'amour. Il croyait que son attirance envers l'autre n'était qu'une passade.

Le soir du 11 octobre 2000, Céline Carrière est revenue chez elle vers 22 heures, après avoir passé la journée avec son nouvel ami de cœur. À son arrivée à la maison, elle a discuté au téléphone pendant une heure avec une amie. Larochelle est venue la voir et, par signes, lui a demandé de faire l'amour. Elle a accepté. Ils ont fait l'amour, mais sans pour autant interrompre sa conversation. À un moment donné, elle a révélé à son amie des moments d'intimité de sa vie amoureuse avec Jean Boudreau alors que son conjoint était à proximité.

Pour Larochelle, c'en fut trop. Il s'est retiré dans sa chambre, a écrit une lettre de dix pages dans laquelle il expliquait qu'il se rendait compte qu'elle était vraiment amoureuse de l'autre et qu'il ne pouvait plus vivre avec cette situation. «C'est notre dernier voyage et on va partir ensemble», concluait-il, après avoir prévu le partage de tous ses biens. Plus tard, dans la nuit, il est descendu au sous-sol et l'a étranglée.

On a retrouvé le corps de Céline Carrière suspendu près du poteau de la tête de son lit, une corde de nylon jaune enroulée autour du cou. La même corde traversait le lit jusqu'à l'autre poteau. Larochelle s'était pendu à cet endroit et s'était tailladé les poignets avec un couteau. Je me souviendrai toujours de la photo représentant cette scène macabre. Durant le procès, je l'avais collée sur un mur, et j'avais passé des jours à l'étudier et à en discuter avec ma deuxième épouse, l'Américaine Dena Gray, tentant d'y trouver la clé de la défense de mon client. Cela l'avait passionnée. Elle avait vécu ce que vit un avocat, vingt-quatre heures sur vingt-quatre, quand il est impliqué dans une cause devant jury, et cela l'avait tellement emballée qu'elle avait assisté à toutes les audiences, jusqu'au dénouement.

Le plan de Larochelle n'avait pas fonctionné comme prévu. Vers 5 heures du matin, il s'était réveillé dans le lit de sa femme, les poignets ensanglantés. Il avait alors aperçu le corps pendu de celle-ci. Sa fille aînée était descendue au sous-sol trente minutes plus tard. Il lui avait demandé d'appeler sa tante, la sœur de Céline Carrière. Une fois revenu à lui, il avait finalement appelé son père pour lui dire qu'il croyait avoir tué sa femme.

Le procès s'est déroulé en octobre 2002 devant le juge Paul-Marcel Bellavance. Il a duré quatre semaines. La Couronne, représentée par Me André Campagna, a déposé en preuve la lettre de dix pages que mon client avait écrite avant de descendre au sous-sol et d'étrangler sa femme pour démontrer que son geste était nettement prémédité.

Quand j'avais rencontré Pierre Larochelle, il m'avait confié qu'il se souvenait de s'être trouvé au sous-sol avec sa femme, la veille du drame. Il se rappelait avoir commencé à faire l'amour avec elle pendant qu'elle conversait au téléphone avec une amie. Lorsqu'il avait vraiment réalisé qu'il était cocu, il avait carrément perdu la tête. Il ne se souvenait même pas d'avoir écrit la lettre de dix pages qui l'incriminait.

Je l'avais fait examiner par le psychiatre Pierre Gagné, et ce dernier est venu expliquer aux onze jurés (un des leurs avait été exclu durant les procédures) que Larochelle, amoureux fou de sa femme, avait effectivement perdu l'esprit quand il l'avait entendue confirmer son amour pour son meilleur ami. Selon lui, il était possible que l'accusé ne se souvienne pas du drame qui a suivi.

Larochelle a lui-même longuement témoigné en ce sens durant son procès et plusieurs parents, de son côté comme de celui de sa femme, ont confirmé qu'il était dépressif, qu'il n'était plus le même et qu'il avait perdu une quinzaine de kilos depuis sa séparation.

J'ai plaidé qu'il devrait être acquitté pour non-responsabilité criminelle. Les jurés, quant à eux, en sont arrivés à un verdict d'homicide involontaire, après deux jours et demi de délibérations. Aux représentations sur sentence, la mère de la victime est encore venue témoigner en faveur de Larochelle, tout comme ses parents. Les parents des deux familles se côtoyaient quotidiennement et appuyaient l'accusé, et cela avait été, d'ailleurs, le fait saillant de ce procès.

Le juge l'a finalement condamné, le vendredi 21 février 2003, à trois ans de pénitencier. Mais, comme il avait fait quelques mois de prison préventive qui comptaient double, après un an et demi il était à nouveau libre comme l'air.

Pierre Larochelle m'avait supplié de le défendre jusqu'au bout. Je l'ai fait, même si de 2000 à 2003, j'assumais déjà mes nouvelles fonctions d'éditeur de journal.

Depuis cette époque, à cause du temps que je dois maintenant consacrer à ma nouvelle tâche, j'ai décidé de ne plus m'attaquer à de gros dossiers comme le sien, de ne plus faire de procès devant jurés qui durent des semaines, voire des mois. Je me contente de causes qui ne prennent que quelques jours.

Chapitre 19

Seul dans un bois avec plusieurs Hells Angels

En tant que criminaliste, on travaille constamment avec des bandits, et on nous demande souvent comment sont nos relations avec les criminels. Sont-elles seulement professionnelles ? Deviennent-elles parfois plus cordiales ou plus personnelles ? Et, surtout, sommes-nous parfois victimes de menaces, de chantage ou de tentatives de corruption de certains caïds notoires ?

Pour ma part, je peux dire que j'ai reçu très peu de menaces tout au long de mes quarante années de pratique. J'ai toujours eu des relations professionnelles très cordiales avec la plupart de mes clients. Par contre, je ne peux pas dire que je n'ai jamais vécu sur la corde raide avec certains d'entre eux.

Le meilleur exemple que je peux donner est survenu à l'époque où le local des Hells Angels de Lennoxville avait été le théâtre de la purge de cinq de leurs membres. C'était en 1985.

Avant que les Hells Angels arrivent dans la région, j'avais défendu plusieurs jeunes motards appartenant aux Atomes et aux Gitans, deux groupes ennemis des Cantons-de-l'Est. Lorsque les Gitans ont décidé de devenir les Hells Angels de Sherbrooke, ils ont sommé les Atomes d'enterrer leurs couleurs et un violent conflit a éclaté, qui s'est terminé par la disparition de ces derniers. Les Gitans étaient des clients de Me Gérin, mon associé de l'époque, et, puisque dans notre équipe j'étais le plaideur, j'ai défendu un bon nombre d'entre eux, devenus par la suite des membres en règle des Hells Angels.

J'ai cessé de les représenter au bout d'un certain temps parce qu'ils trouvaient que mes tarifs étaient prohibitifs.

— Même si vous êtes devenus des Hells, vous ne pouvez pas vous faire défendre gratuitement, leur disais-je.

— T'es devenu le Frank Shoofey de Sherbrooke, me répondaient-ils pour me narguer, parce que j'avais des émissions de radio et de télévision dans les Cantons-de-l'Est. Tu charges trop cher…

Vers 1979-1980, Me Michel Dussault s'est joint à notre bureau et je lui ai référé cette clientèle. Quand il a quitté notre cabinet, ils l'ont suivi et il est devenu le seul avocat à les représenter. Ainsi, depuis 1980-1981, je n'ai plus défendu de membres des Hells Angels.

J'ai donc été surpris quand, en 1985, les leaders des Hells m'ont convoqué à leur local de Lennoxville. J'étais un peu nerveux, je ne le cache pas. Ça faisait maintenant quelques années que je n'avais plus de relations avec eux.

— On veut te voir au local…

Je connaissais l'endroit. Je m'y suis présenté, seul. Ils étaient dix ou douze à m'accueillir et ils m'ont averti immédiatement qu'on ne pouvait se permettre de parler à l'intérieur du local. Ils pensaient qu'ils étaient possiblement sur écoute.

— On va aller parler dans le bois en arrière...

Les Hells m'ont alors accompagné dans la forêt. Je n'étais pas bien gros dans mes souliers. Je ne les avais pas vus depuis plusieurs années. Ils étaient maintenant représentés par Mes Michel Dussault, Denis Lavigne, Léo-René Maranda et Christiane Filteau. Qu'est-ce que je faisais là ? Que me voulaient-ils ? Est-ce que j'avais fait quelque chose qui leur avait déplu ? Y avait-il un trou creusé pour moi, quelque part dans le bois ?

En fait, j'ai eu peur pour rien. La tuerie de cinq membres des Hells Angels de Laval, exécutés dans leur local, venait tout juste d'avoir lieu, mais personne ne le savait. Leurs cadavres n'avaient pas encore été découverts. La rumeur courait déjà que ça ne tournait pas rond chez les Hells Angels ; ils voulaient redorer leur blason et démontrer à la population qu'ils n'étaient que des amateurs de motos et non des bandits comme tout le monde le croyait.

Pour ce faire, ils voulaient permettre aux médias de visiter leur siège social à Sorel.

Ils avaient mandaté deux avocats, Mes Michel Dussault et Denis Lavigne, pour organiser la rencontre, et ils souhaitaient que je m'occupe des invitations aux membres des médias.

Richard Desmarais avait écrit un article dans le journal *Photo Police* que les dirigeants des Hells Angels n'avaient pas apprécié, et ils ne voulaient pas l'inviter. À leurs arguments, j'ai répondu :

— *Photo Police* est un journal qui penche plus vers les accusés, tandis qu'*Allô Police* est plutôt du côté policier et vous ne l'inviteriez pas ? Cela ne se fait pas.

— Si Desmarais écrit un article un peu plus favorable, s'il se rétracte un peu, il viendra, m'a dit Me Lavigne, sinon...

— Qu'est-ce qui arrivera s'il n'accepte pas de se rétracter ? ai-je demandé.

— Il passera au bout du pont, il ne viendra pas…

J'étais donc chargé d'appeler Richard Desmarais. Je lui ai expliqué la situation.

— Pas question de changer un iota de ce que j'ai écrit, m'a-t-il répondu sans hésitation.

J'en ai avisé Me Dussault au téléphone et il m'a dit :

— Il va passer au bout du pont en fin de semaine…

On ne le savait pas, mais le tout avait été enregistré par la police. Je l'ai su avec étonnement quelques jours plus tard quand des enquêteurs de la Sûreté du Québec sont venus me voir alors que je plaidais une cause à Saint-Jean-sur-Richelieu. Ils voulaient me voir dans un petit local attenant à la cour. Et là, ils m'ont lu mes droits : «Vous n'êtes pas obligé de parler, tout ce que vous allez dire pourrait être retenu contre vous et vous avez le droit de retenir les services d'un avocat.»

— Pourquoi faites-vous ça ?

— Complot de meurtre.

— Ben voyons, messieurs, c'est une farce ?

— Complot de meurtre contre Richard Desmarais.

—Vous êtes dans le champ, je n'ai aucune déclaration à faire.

Ils m'ont quitté en insistant sur le fait que je faisais l'objet d'une enquête pour complot de meurtre. J'ai appelé tout de suite Me Michel Dussault pour lui raconter cela. Il m'a rappelé notre conversation au sujet de Richard Desmarais et la phrase : «Il va passer au bout du pont en fin de semaine.» J'ai compris. J'ai rappelé les enquêteurs.

— Je sais ce que vous voulez dire. Je sais de quoi il s'agit. Je vais vous expliquer.

Ils savaient fort bien de quoi il s'agissait. Ils étaient venus me narguer. C'était juste de bonne guerre contre un avocat qui représentait les Hells Angels. Ils sont revenus me voir, je leur ai fait une déclaration précise de ce qui s'était passé et

leur ai annoncé que, moi aussi, j'avais enregistré ma conver-
sation avec Richard Desmarais et je ne me suis pas gêné :
— Voulez-vous avoir la cassette ?
— Vous l'avez enregistrée ?
— Eh oui.

Ils savaient fort bien que la phrase « Il va passer au bout
du pont » n'était qu'une expression et non une menace. La
preuve, c'est que, s'ils avaient pensé qu'il s'agissait d'un
complot de meurtre, ils m'auraient arrêté sur-le-champ.

* * *

Quand Richard Desmarais m'a appelé en 2000, je ne lui
avais pas parlé depuis cette histoire. Il voulait me rencontrer et me parler « affaires ». Était-ce un piège ? Je ne suis pas
paranoïaque, mais je me souvenais de son attitude quand je
lui avais transmis le message des Hells et, d'aussi loin que
je m'en souvienne, il n'avait pas particulièrement apprécié.
De plus, je savais qu'il avait été mis sous protection quand
les policiers avaient entendu la fameuse phrase et avaient
ouvert une enquête.

Il m'a donné rendez-vous dans un bar à Granby. J'étais
en mode prévention. Je faisais attention à ce que je disais
et j'attendais de voir ce dont il s'agissait. Il m'a parlé de
l'opportunité d'acheter, à bon prix, l'hebdomadaire spécia-
lisé *Allô Police*, qui appartenait à la famille de son fondateur,
Me Robert Poulin. Il savait que j'avais voulu acheter *Photo
Police* et il pensait que cela me donnerait une occasion de
me reprendre. Il m'offrait donc de devenir son partenaire
d'affaires et il était sérieux.

Le célèbre criminaliste Me Raymond Daoust avait fondé
le journal *Photo Police* pour faire concurrence à l'hebdomadaire *Allô Police* qu'il avait tenté, en vain, d'acquérir. Durant
toute ma carrière, j'avais toujours été proche des journalistes

d'*Allô Police* et de *Photo Police*, et je m'étais fixé le but d'être, un jour, éditeur d'un journal judiciaire comme Daoust.

Le 20 juillet 1983, Daoust est décédé. Quelque temps après, j'avais tenté ma chance, mais sa veuve, directrice du journal, avait refusé mes offres. Et là, Richard Desmarais, qui avait travaillé à *Photo Police*, voulait acheter *Allô Police* et m'offrait la possibilité d'acquérir avec lui cet hebdomadaire fondé en 1953 par un autre avocat, Me Robert Poulin, et qui était resté durant toute son existence dans sa famille.

— Pourquoi moi ? lui ai-je demandé.

— Parce que tu es un avocat et que tu deviendrais éditeur, comme l'était Me Raymond Daoust avec *Photo Police*.

J'ai sauté sur l'occasion. Ce projet correspondait parfaitement aux ambitions secrètes que je nourrissais depuis plusieurs années. Nous avons donc acheté *Allô Police* et, quelque temps plus tard, d'autres publications, dont *Photo Police*. C'était un travail à plein temps. Je m'occupais de l'administration de l'entreprise et des acquisitions, tandis que Richard Desmarais voyait à la gestion de l'information. Notre entreprise est devenue publique quand nous avons créé Section Rouge Média Inc., qui existe toujours. *Allô Police* a fermé ses portes en 2004 et *Photo Police*, qui est toujours publié, a été vendu à un autre éditeur.

Chapitre 20

L'avocat du Grand Nord

Une de mes grandes fiertés est d'avoir réussi à m'intégrer à la communauté inuite d'Iqaluit, la capitale du territoire du Nunavut située au bord de l'océan Arctique dans la baie de Frobisher. Je m'y rends deux ou trois fois par année depuis vingt ans pour représenter des Québécois et des Inuits aux prises avec la justice canadienne.

Chaque fois, j'ai l'occasion d'y vivre des aventures uniques : soleil de minuit, température de 7 °C maximum en juillet et variant entre -25 °C et -30 °C, descendant parfois même jusqu'à -40 °C et -50 °C durant une grande partie de l'année. C'est le plus grand territoire du Canada et le paradis des glaciers, du kayak, de la motoneige, des traîneaux à chiens, de l'omble chevalier, du caribou, de l'ours polaire, des espaces infinis et du dépaysement total.

Tout a commencé en 1993, quand un Québécois originaire de Sherbrooke, Michel Labelle, m'a téléphoné :

— Je suis à Iqaluit, je suis accusé de trafic de drogue et j'ai besoin de vos services.

— Iqaluit, c'est où ça ?

— C'est dans l'Arctique, dans les Territoires du Nord-Ouest*.

— Ça m'intéresse, mais ça va coûter cher, ce n'est pas à la porte…

— J'ai de l'argent.

— Je ne connais pas l'endroit, est-ce qu'il y a un hôtel, un aéroport ?

— Ne vous inquiétez pas, maître, je vais réserver l'hôtel et j'irai vous chercher à l'aéroport.

J'ai toujours été aventurier, mais j'éprouvais une certaine appréhension à mon arrivée à l'aéroport d'Iqaluit. Je n'avais aucune idée de ce à quoi ressemblait cet endroit : grand, petit, très ou peu peuplé. Je savais encore moins que ce voyage allait être le premier de plusieurs, qui me permettraient de vivre des expériences enrichissantes auxquelles peu d'avocats québécois ont accès.

Mon client m'attendait dans le tout petit aéroport d'Iqaluit. Il m'a reconnu. À 200 mètres de taxi de là (!), nous sommes arrivés à l'hôtel Discovery Inn.

À l'époque, avant qu'Iqaluit devienne la capitale du Nunavut, les juges québécois y avaient juridiction et les procureurs de la Couronne venaient d'un peu partout : Montréal, Québec et Trois-Rivières. Je connaissais le juge qui y siégeait. C'était l'honorable Louis Lagacé, un ancien procureur de la Couronne de Cowansville et de Granby, contre qui j'avais déjà plaidé. Les audiences se déroulaient sur trois sessions d'une semaine par année, en français pour représenter la communauté francophone. Au Canada, les procès

---

*   Le Nunavut n'existait pas encore, il n'a été créé qu'en 1999.

doivent se tenir dans la langue de l'accusé. Nous étions la veille du procès. Il était environ 16 heures et j'étais seul dans ma petite chambre du Discovery Inn. J'avais envie de prendre un verre en attendant le souper. J'ai donc demandé au responsable de l'hôtel s'il y avait un bar. Il m'a répondu que la salle à manger ouvrait à 17 heures, mais qu'en attendant je pouvais prendre un verre à un petit bar situé juste en face, le Navigator. Je m'y suis dirigé et me suis assis au comptoir pour commander une bière.

— Bonjour, maître Rancourt, m'a dit aussitôt un individu assis à côté de moi.

— Vous me connaissez? lui ai-je demandé, tout étonné.

— Bien oui, maître, tout le monde savait que vous arriviez aujourd'hui pour défendre Michel Labelle. Tout le monde ici le sait!

L'homme s'appelait Georges Pelletier, mais les gens d'Iqaluit le surnommaient «le vieux Georges». Il travaillait sur les camions, pour la municipalité. Nous sommes vite devenus amis. Il m'a présenté aux membres de la petite communauté d'environ 3 000 habitants, à l'époque. Ils sont maintenant dans les 7 000. Il m'a présenté à ceux qui fréquentaient le bar de la Légion canadienne, car il fallait être accompagné d'un membre pour y avoir accès. Chaque fois que j'y suis retourné, je l'ai revu.

À l'époque, il n'y avait pas d'automobiles à Iqaluit, seulement des taxis. Ça coûtait 4,50 $ par personne pour aller n'importe où. C'est maintenant 6,50 $. Imaginez ce que gagnent les chauffeurs quand, à la sortie des bars, ils ramènent six ou sept personnes en même temps à leurs domiciles.

Le premier dimanche, j'ai remarqué en me promenant en taxi qu'il y avait beaucoup de fumée de l'autre côté de la baie. J'ai demandé au chauffeur de quoi il s'agissait. Il m'a dit que ça provenait du dépotoir où l'on faisait brûler les déchets, le dimanche. Ça m'intéressait, car j'avais, à l'époque, des actions dans un dépotoir dans l'État du Vermont. Je lui ai dit :

— J'irai voir ça demain matin.

— Pourquoi demain ?

— Le dépotoir sera ouvert, donc les barrières seront ouvertes.

— Quelles barrières ? Ici, le dépotoir n'est jamais fermé, il est toujours ouvert. Suis-moi, je vais te le montrer.

En arrivant là, j'ai aperçu une automobile rouge. C'était la première voiture que je voyais à Iqaluit. Mon compagnon m'a expliqué :

— Ça, c'est la voiture de l'avocat.

— Quel avocat ?

— Neil Sharkey, c'est l'avocat de l'aide juridique. C'est le seul qui a une voiture ici.

Le chauffeur me l'a présenté. J'ai expliqué à Me Sharkey que je représentais un client. Il m'a offert tout de suite d'aller le voir à son bureau dès le lendemain matin.

— Tu pourras utiliser les services de ma secrétaire ainsi que mon espace de travail.

C'est comme ça que j'ai commencé ma carrière là-bas. Et, chaque fois que j'y suis retourné, Me Sharkey m'a gracieusement prêté son bureau. Je me souviens particulièrement de mon deuxième séjour. Il m'avait appris que sa femme, avocate, avait donné naissance à leur premier enfant. Pour le remercier de sa gentillesse, j'avais fait fabriquer un petit chandail bleu, blanc, rouge, les couleurs du Canadien de Montréal, pour son petit garçon. Je ne le savais pas, mais Me Sharkey allait être nommé juge en 1999 et j'allais plaider devant lui à quelques reprises...

J'ai réglé la cause de mon premier client en lui obtenant une sentence raisonnable à ses yeux. La nouvelle s'est répandue rapidement. Un autre client m'a appelé, puis un autre. De visite en visite, je me suis rapidement fait une réputation. Bagarreur comme j'étais devant n'importe quel tribunal, j'ai gagné plusieurs causes. On n'était pas habitué à ce genre de défense agressive et stratégique. J'arrivais là comme un coq, brandissant la charte de droits, présentant requêtes sur requêtes. Cela s'est rapidement su dans les milieux criminels.

Le cas d'un individu surnommé «Mom» illustre bien ce que je veux dire par défense agressive. Propriétaire d'un hôtel et connu de la population locale, il s'était fait prendre avec plusieurs grammes de cocaïne. Les policiers de la GRC les avaient trouvés dans son domicile d'Apex, une petite banlieue d'Iqaluit, où se trouvent toujours les anciens bureaux de la Compagnie de la Baie d'Hudson, la même qui a commencé la traite des fourrures. J'ai visité sa maison. C'étaient deux grandes roulottes avec deux adresses diffé-rentes, mais il les avait liées ensemble. Il habitait dans une partie et son personnel de l'hôtel demeurait dans l'autre.

Quand les policiers avaient saisi la drogue, ils avaient un mandat pour, disons, l'adresse 1542. Ils avaient traversé la maison et, sans s'en rendre compte, avaient saisi la drogue au 1543. J'ai fait une requête pour démontrer que la saisie était illégale puisqu'ils n'avaient pas saisi la drogue au 1542, comme spécifié dans le mandat. Quand j'ai présenté ma requête à la procureure de la Couronne, elle a dû me donner raison. J'ai offert que mon client plaide coupable de posses-sion simple de cocaïne, plutôt que de possession pour en faire le trafic. Elle n'avait pas le choix. Au lieu d'être condamné à au moins trois ans de pénitencier, Mom a été condamné au maximum prévu pour cette infraction, 1 000 $ d'amende. Il n'en revenait pas quand je lui ai appris la nouvelle.

En plus d'être propriétaire d'hôtel, Mom était aussi chauffeur de taxi. La nouvelle s'était répandue comme une traînée de poudre – sans jeu de mots! – grâce à la radio des taxis. Toute la ville avait été mise au courant.

— Rancourt a gagné, juste 1 000 $ d'amende pour Mom, ça valait trois ans. Comment il a fait?

Stu Kennedy était un homme d'affaires que les policiers avaient arrêté pour conduite avec les facultés affaiblies. Il s'était obstiné avec eux devant le comptoir de réception du poste de police et ils l'avaient gardé en cellule jusqu'au lendemain après-midi. On l'avait formellement accusé d'avoir conduit en état d'ivresse, mais aussi de voies de fait contre un policier.

Lors de notre première rencontre, il m'avait dit qu'il n'avait jamais touché au policier, que c'était ce dernier qui l'avait frappé devant le comptoir de réception. Il m'avait appris qu'il y avait une caméra dans le poste de police qui donnait sur le comptoir en question. La bande-vidéo devait avoir enregistré l'incident. J'ai donc fait une requête à la GRC pour avoir l'enregistrement. On m'a répondu qu'au bout d'un mois on détruisait ces enregistrements.

Quand nous nous sommes présentés devant le tribunal, j'ai présenté une requête en arrêt de procédures, expliquant que les policiers avaient eu la preuve sur la caméra du poste que ce n'était pas mon client qui avait frappé le policier et qu'ils l'avaient détruite. Après une journée complète devant la cour, à défendre ce point de vue, le juge a tranché en acquittant mon client des deux accusations.

À ma sortie de la cour, un autre de mes clients m'a appelé pour connaître le verdict contre Stu Kennedy. Il se trouvait dans un bar. Je lui ai annoncé la nouvelle de l'acquittement et j'ai entendu derrière:

— Les *boys*, on se soûle, Stu a été acquitté!

La nouvelle a fait le tour des ondes de taxi et de tout Iqaluit. Stu Kennedy m'a emmené souper dans un restaurant. Tous les clients se sont levés, l'ont félicité et sont venus me serrer la main.

* * *

Autre affaire : quatre individus avaient été accusés de contrebande d'alcool à la suite d'une longue enquête de la GRC. À Iqaluit, il faut un permis pour acheter de l'alcool et les Inuits ne peuvent en avoir. Seuls les Blancs le peuvent. Ces quatre Blancs allaient se chercher des permis et ils les utilisaient à répétition pour acheter de l'alcool en grande quantité, qu'ils revendaient aux Inuits.

L'affaire a fait les manchettes locales et les policiers ont fait un travail de moine pour pouvoir arrêter ce commerce illicite. Mandats de perquisition, mandats d'arrêt ; tout était dans les règles, en apparence. Les quatre hommes étaient cuits.

Mais, comme dans chaque dossier du genre, j'ai demandé une copie des affidavits pour obtenir des mandats de perquisition. Ma partenaire d'aujourd'hui, Me Célina Lefrançois, a découvert qu'ils nous avaient envoyé les affidavits en question avant de les élaguer, c'est-à-dire avant de biffer les noms et adresses des informateurs qui leur avaient permis d'arrêter les quatre individus !

On en a discuté sérieusement. Si je donnais une copie de ces affidavits à mes clients, certains informateurs risquaient de disparaître mystérieusement. Par conséquent, je ne pouvais moralement faire ça, pas plus que je ne pouvais leur en parler. En compagnie de ma partenaire, je suis allé voir le procureur de la Couronne, Me Doug Garson :

— Doug, on a un problème. Tu m'as envoyé les affidavits sur lesquels tu as oublié de biffer les noms des informateurs.

— Ça ne se peut pas !

— Oh oui, ça se peut, mais, je te le dis, je n'en ai pas parlé à mes clients.

— T'es sérieux ?

Je lui ai montré les affidavits. Il est devenu blanc comme un drap.

— Ce n'est pas possible, ce n'est pas moi qui ai fait cette gaffe. Il y a erreur quelque part. Donne-les-moi, on va oublier ça…

— Pas question que j'oublie ça. J'ai le devoir de défendre mes clients. Je suis leur bras droit légal. S'ils n'avaient pas eu d'avocat, et si tu leur avais envoyé cette preuve comme la loi l'exige, ils auraient ces informations en main. Tu le sais, c'est pas mal toujours les mêmes gens qui informent la police dans la ville. Tu imagines la violence que cela pourrait provoquer dans le coin? Il n'y a que deux solutions: ou j'informe mes clients ou on fait un *deal*.

— Qu'est-ce que tu veux comme *deal*?

— Tu laisses tomber les accusations contre deux d'entre eux, et, les deux autres, tu vas accepter qu'ils plaident coupables et soient condamnés à 4 000 $ et à 6 000 $ d'amende. Et tu vas nous remettre l'argent que les policiers ont saisi. Si tu es d'accord, je te redonne tous les affidavits, je n'en ai pas fait de copies, et on n'en parle plus. On se donne la main et c'est dossier clos.

— Ok, d'accord.

Les accusés sautaient de joie. Je leur ai expliqué que j'avais trouvé une faille dans le dossier, mais que je ne pouvais absolument pas leur en révéler la teneur. Ils s'attendaient à se retrouver au pénitencier. Ils n'avaient qu'à payer ces petites amendes et, en plus, la GRC allait leur remettre les 7 000 $ qu'ils avaient saisis chez eux. Ils n'en demandaient pas plus.

Comme dans toutes les autres causes, ce revirement spectaculaire a fait le tour de la ville en un temps record. Outre les Québécois, les Inuits sont maintenant venus aussi requérir mes services.

L'un d'eux était Joanassie Kilabuk. Son père, Nelson Soucy, un Québécois, était rapidement devenu un de mes bons amis. Sa mère était inuite. À l'âge d'un an, Joanassie avait été donné en adoption à des Inuits et il avait vécu dans la nature pendant treize ans, sans eau, sans électricité. Aujourd'hui, c'est un chasseur émérite qui vit à Iqaluit.

Je l'ai rencontré quand son père est venu me demander de le défendre. Il était accusé d'avoir causé des blessures corporelles avec sa motoneige durant le carnaval inuit annuel, le Tunik Time. L'accident s'est produit durant une course de motoneiges, course dont il était régulièrement le vainqueur. Cette fois, cependant, il s'était fait dépasser et, choqué, il était revenu en fou devant la foule et avait frappé des enfants avec sa motoneige.

J'ai demandé à son père qui allait payer la facture et il m'a répondu que c'était Joanassie. Je lui ai donc donné rendez-vous à la salle à manger du Discovery Inn. À l'époque, les Inuits, facilement reconnaissables à leur façon de s'habiller, ne pouvaient y entrer que pour vendre des sculptures, mais Joanassie a fait fi de cette interdiction. Il s'est dirigé vers moi et je lui ai dit :

— Joanassie, c'est ton procès demain.

— *Yeah*.

— Je vais tenter de faire de mon mieux.

— *Yeah*.

C'est comme ça que parlent les Inuits que je connais. Ce sont des gens de très peu de mots.

— Ton père m'a dit que tu m'apporterais le montant d'argent que je lui ai demandé.

— *Yeah*.

— L'as-tu ?

— *Five minutes*.

Il m'a quitté et est revenu avec un sac vert qui contenait le montant en question. C'est ainsi qu'a commencé ma relation avec lui. Finalement, il n'a pas eu à subir de procès. J'ai réussi à lui éviter la prison. Il était tellement content qu'il est revenu me voir et m'a amené un nouveau client inuit :

— *JP, my friend wants you as his lawyer.*

Celui-ci s'appelait Gerry Papatsie. Il avait un épais dossier judiciaire. Il était accusé d'agression sexuelle sur la fille de sa femme. Dans sa maison, ils étaient parfois dix, douze ou même quinze à vivre sous le même toit. Quand je lui ai demandé combien il avait d'enfants, il m'a répondu qu'il en avait sept ou huit.

Comme je l'ai déjà affirmé, je ne prends habituellement pas de causes d'agressions sexuelles impliquant des enfants, mais Papatsie m'a expliqué que l'accusation était non fondée. Que c'était sa belle-mère qui, choquée contre lui pour certains de ses comportements, avait tout inventé. Il avait un alibi solide : il était parti à la chasse à l'ours avec trois autres Inuits le jour où la supposée agression s'était déroulée.

Je lui ai demandé un gros montant d'argent comme dépôt.

— *Give me five minutes.*

Il est lui aussi revenu avec un sac vert contenant le montant demandé. J'ai pris la cause. J'ai interrogé les trois chasseurs qui l'accompagnaient lors de son voyage de chasse pour savoir à quelle date cela s'était produit. J'ai demandé au premier :

— Tu étais à la chasse avec Gerry ?

— *Yeah.*

— C'était quand, exactement ?

— C'était quand Gerry l'a dit.

— Mais la date ?

— C'était en janvier.

— Quelle date ?

— Si Gerry a dit telle date, c'était telle date.

Gerry, pour sa part, m'a dit qu'ils avaient un bel alibi : lorsqu'ils étaient revenus de la chasse, ils avaient apporté l'ours qu'ils avaient tué chez un taxidermiste. Il avait la facture, datée du 13 janvier.

— On est corrects, on est arrivés après le crime.

Ce n'était pas le cas. La date du prétendu crime était le 15 janvier. Ils étaient de retour de chasse depuis deux jours !

Cette affaire a duré trois ans. J'ai dû me présenter à plusieurs reprises pour des remises de cause et, chaque fois, Gerry se présentait avec son sac vert contenant l'argent comptant nécessaire à sa défense. Finalement, il n'y a jamais eu de procès, car la belle-mère a fini par avouer qu'elle avait tout inventé.

* * *

Une autre fois, Gerry m'a rappelé :

— *JP, I'm in jail and I need you.*

— *For what ?*

Encore une fois, Gerry faisait face à une série d'accusations : voies de fait, possession de drogue, conduite avec facultés affaiblies. Je lui ai expliqué que je ne pouvais aller le défendre à tout moment. Je ne pouvais me rendre à Iqaluit juste pour lui. Je devais attendre d'avoir cinq ou six clients en même temps, car ça me coûtait cher de me rendre là.

— *I need you*, a-t-il insisté et il a ajouté : *How much do you want ? I remember that I still owe you 2 000 $ for the last time.*

Il m'avait tellement bien rémunéré la première fois que j'avais oublié cette somme en suspens. Je lui ai demandé un certain montant d'avance et il a accepté tout de suite. Il me l'a envoyé pour être bien certain que je me présenterais.

Nous nous sommes retrouvés devant mon ami le juge Neil Sharkey. Gerry a plaidé coupable à la majorité des accusations portées contre lui. Il était déjà détenu depuis deux mois. La Couronne voulait lui donner une leçon, on voulait le garder en prison. J'ai fait témoigner sa femme, qui avait besoin de lui pour nourrir ses enfants. Il a dit qu'il s'était trouvé du travail ; il s'occuperait d'un petit commerce avec un ami s'il était libéré. Il s'est excusé pour tous les problèmes qu'il avait pu causer. Il était repentant. J'ai demandé au juge d'être clément, car, malgré tous ses défauts, Gerry avait une famille à faire vivre, etc.

Le juge m'a donné raison.

— Je te connais, Gerry, je vais te donner une dernière chance. Malgré ton lourd passé judiciaire, je vais suivre les conseils de ton avocat et te mettre en probation. Je vais te condamner à des travaux communautaires pour que tu puisses continuer à travailler et à t'occuper de ta femme et de tes enfants. Mais, que ce soit clair, c'est ta dernière chance, Gerry.

Il est sorti de là heureux comme un pape et plein de bonnes intentions. J'étais venu à Iqaluit juste pour lui, le mercredi. J'avais plaidé le jeudi, et le vendredi j'étais de retour chez moi.

Peu de temps après, Gerry m'a rappelé. Par pur hasard, j'étais à Iqaluit.

— *JP, I'm in jail.*

— *Again? What for?*

Il faisait encore face à une série d'accusations. Depuis deux mois, il était détenu. Nous devions passer devant le juge albertain René Foisy de la Cour supérieure. Depuis que le Nunavut a été créé, ce sont des juges fédéraux qui siègent à Iqaluit. Je suis allé voir le procureur de la Couronne et lui ai avoué que je tentais d'obtenir six mois d'emprisonnement pour Gerry. Nous avons analysé l'ensemble des accusations et il en a conclu que mon client devrait être condamné à dix-huit mois. J'ai tenté de négocier, mais il a refusé de réduire sa sentence. Il n'y avait pas moyen de s'entendre. On allait devoir plaider la cause.

Je savais que le juge Foisy était un magistrat compréhensif, empathique. J'ai décidé de faire encore témoigner la femme de Gerry, mais, cette fois, j'avais un plan. Elle raconterait ses misères en pleurant : elle devait s'occuper des sept enfants de Gerry, elle était en attente d'une intervention chirurgicale à Ottawa, et elle ne savait comment elle se débrouillerait avec son mari en prison. Je me suis adressé au juge et lui ai soumis l'idée que j'avais eue après m'être aperçu qu'il n'y avait pas moyen de négocier sa sentence.

— La Couronne demande avec raison qu'il soit condamné à dix-huit mois, Votre Honneur, mais il y a une solution qu'on n'a jamais essayée avec Gerry. La probation et les travaux communautaires accordés par le juge Sharkey dans sa cause précédente n'ont pas fonctionné. Est-ce que le fait de l'envoyer en prison pendant dix-huit mois va vraiment changer la donne ? Pourquoi ne pas essayer une peine d'emprisonnement à domicile avec de strictes conditions ?

— OK, a acquiescé le juge, à ma grande surprise. Gerry, ça va être ta dernière chance. Je vais suivre les recommandations de ton avocat, car c'est vrai qu'on n'a jamais essayé ça. Je vais te condamner à dix-huit mois de prison à domicile. Tu vas devoir y rester vingt-quatre heures sur vingt-quatre, à l'exception des heures où tu vas travailler. Le reste du temps, tu n'iras pas plus loin que ton balcon.

Le procureur de la Couronne n'en revenait pas. Il savait que j'étais prêt à accepter six mois de prison, mais la prison à domicile, il ne s'attendait vraiment pas à cela.

* * *

Je pourrais raconter de nombreuses autres causes particulières à ce coin de pays. J'en ai défendu des dizaines, au moins deux fois par année depuis vingt ans. Cela ne servirait qu'à démontrer combien j'aime Iqaluit et ses habitants, tellement avenants et proches de la nature. Je *trippe* tellement quand je peux leur rendre service. Les fréquenter et discuter de leur vie, qui ne ressemble en rien à celle que nous vivons chez nous, est un réel plaisir. J'adore manger de l'omble chevalier ou du caribou et partir en excursion en motoneige avec six contenants de cinq gallons d'essence pour visiter les autres villages du Nunavut, qui se trouvent à sept ou huit heures de distance.

* * *

Lors de mes premiers voyages à Iqaluit, je fréquentais un bar qu'on appelait le Zoo. Il était situé au sous-sol de l'hôtel Frobisher Inn. L'endroit était divisé par un ruban jaune : les Inuits d'un côté et les Blancs de l'autre. On appelait ça « le côté des Jaunes » et « le côté des Blancs ».

Iqaluit, ce sont aussi des histoires de chasse, comme celle de Joanassie Kilabuk, qui m'a raconté la peur de sa vie. Il s'était approché trop près d'un ours polaire avant de tirer et, quand celui-ci s'est levé sur ses pattes arrière, Joanassie s'est aperçu qu'il mesurait environ cinq mètres et demi de hauteur !

Iqaluit, ce sont les sculpteurs de pierre qui réussissent des chefs-d'œuvre. C'est la pêche avec l'horizon à l'infini, les glaciers et les paysages époustouflants.

Iqaluit, c'est « Le blond », René Marois, un chauffeur de taxi devenu ma source d'information chaque fois que je me rends là-bas. Il a une couette blonde, porte une calotte en cuir ainsi qu'une veste Harley Davidson, elle aussi en cuir. Il a l'air d'un dur, mais ne l'est pas du tout. Il connaît tout le monde, tout le monde le connaît et tout le monde l'aime. À chacune de nos rencontres, on prend un verre et il me met au courant de tout ce qui s'est passé dans le coin depuis ma dernière visite.

Iqaluit, c'est aussi Robert Bertrand, un des meilleurs mécaniciens de l'Arctique, un vrai dur, un gars extrêmement fort, qui se met régulièrement les pieds dans les plats pour des niaiseries et que je défends en échange de caribou et d'omble chevalier. Et je peux vous dire que j'en manque rarement.

À Iqaluit, quand je ne suis pas devant le tribunal, je jase avec ses habitants pour apprendre à connaître leur culture et leurs us et coutumes. Je m'arrête chez un sculpteur et je lui demande ce que deviendra la pierre qu'il travaille. Je marche longuement sur la glace après le souper ou je pique-nique sur les immenses pics de glace créés par une des marées les plus hautes du monde, pouvant atteindre 30 mètres.

Il peut sembler facile de se faire une réputation et une clientèle dans une région si lointaine, si différente, mais, en ce qui me concerne, ce ne fut pas le cas. Quand je m'y suis présenté la première fois, j'étais un des rares avocats québécois à le faire. Auparavant, Mes Léo-René Maranda et Christiane Filteau y avaient représenté un client, mais, à ma connaissance, il n'y avait eu personne d'autre. Des avocats de l'Aide juridique travaillaient sur place, et une seule avocate anglophone tenait bureau et facturait ses clients, Me Sue Cooper. Elle avait une belle réputation. Elle agissait dans des dossiers de nature civile ou criminelle, représentait autant la GRC que la ville ou des accusés de droit commun. Et elle m'avait à l'œil. Surtout lorsqu'elle est devenue membre de l'exécutif du Barreau local. En effet, je ne pouvais devenir membre de ce Barreau et, pour représenter un client à Iqaluit, je devais chaque fois obtenir un permis, qui me coûtait environ 100 $. Mais quand ma clientèle a augmenté au point de ne plus représenter seulement des Québécois, mais aussi des anglophones et des Inuits, les permis ont curieusement grimpé à 600 $, à 800 $, à 1 000 $, puis à 1 600 $. Autrement dit, si j'avais à représenter dix clients, je devais payer 16 000 $ dès le départ. Ça n'avait aucun sens.

À maintes occasions, j'avais fait des démarches pour devenir membre du Barreau local, sans succès. Finalement, à un certain moment, tous les Barreaux du Canada ont décidé de faciliter l'échange d'avocats entre les provinces et les territoires du pays. Le Québec y a adhéré, tout comme le

Nunavut, et une avocate de Montréal, Me Nalini Vaddapalli, est devenue bâtonnière du Barreau du Nunavut. Elle était en poste depuis quatre ou cinq ans quand elle m'a convoqué dans son bureau :

— Maître Rancourt, je veux que vous deveniez le premier avocat étranger à être assermenté ici.

C'est ainsi que, le 26 septembre 2011, j'ai été assermenté devant le juge René Foisy. Je m'en souviendrai toujours. Je portais pour l'occasion une splendide veste en phoque et je chérirai toujours la photo prise lors de cette journée. Elle trône bien en évidence dans mon bureau. J'ai donc été le premier avocat du Québec à devenir membre du Barreau du Nunavut. Maintenant, plaider à Iqaluit ne me coûte que 1 600 $ par année.

J'ai plaidé pendant une quinzaine d'années devant le juge Foisy et, chaque fois que nous nous rencontrions dans la rue ou dans un restaurant, il me saluait par mon nom et me faisait des compliments. C'est une familiarité qu'on ne voit pas au Québec :

— Salut, Jean-Pierre, j'apprécie ton travail, tu fais une bonne *job*.

Il m'a, par ailleurs, souvent donné raison sur mes stratégies, au point que le procureur Doug Garson me taquinait régulièrement quand on plaidait devant lui :

— Tu es mieux d'en profiter, c'est ton juge qui est là. Quand il va partir, tu n'auras plus les mêmes faveurs. Je pense que le juge a ta photo dans son bureau.

Ce à quoi je répondais systématiquement :

— Moi aussi, j'ai sa photo dans mon bureau.

Au mois d'août 2014, le juge Foisy m'a surpris en me téléphonant chez moi. Il m'a appris qu'il était forcé de prendre sa retraite à cause de son âge et il s'excusait de ne pas avoir pu prendre un dernier café avec moi et me serrer la main avant de quitter Iqaluit à jamais…

Chapitre 21

À la défense des *first offenders*

Bien que j'aie délaissé les causes devant jurés au début des années 2000, les quatorze dernières années ont néanmoins été fertiles et productives. Je me rends toujours régulièrement aux États-Unis pour défendre camionneurs et trafiquants. Je profite, deux ou trois fois par année, de mon statut d'avocat membre du Barreau du Nunavut pour défendre de plus en plus de clients à Iqaluit. Et j'ai du nouveau dans ma petite famille juridique : enfin, j'ai trouvé en 2008 une collaboratrice du calibre de mon premier partenaire, Me François Gérin.

Me Célina Lefrançois et moi nous occupons surtout des délinquants primaires, des *first offenders* dans le langage judiciaire courant. Ce sont des accusés qui en sont à leurs premières offenses, à leurs premières infractions, à leurs premiers démêlés avec la justice : un couple en instance de divorce qui se chicane et madame qui porte plainte pour menaces, un voisin victime de bris de propriété, des voies de fait, des fraudes, une personne qui en a incité une autre à investir dans une affaire bidon, des accusations de conduite avec les facultés affaiblies et d'autres pour méfaits publics, entre autres causes hautement médiatisées.

* * *

Outre ma pratique en droit criminel, j'ai eu l'occasion de plaider certaines affaires au civil. La plus notable d'entre elles est la poursuite de 900 000 $ intentée par Sylvie Girard contre le ministère de la Sécurité publique et la Commission des libérations conditionnelles. Mme Girard est la mère d'Alexandre Livernoche, treize ans, enlevé à Sorel-Tracy par le pédophile Mario Bastien, le 4 mai 2000. L'adolescent avait été agressé sexuellement et assassiné. On avait trouvé son corps enterré dans une sablière cinq jours plus tard. Bastien bénéficiait, à ce moment-là, d'une absence temporaire de prison, où il purgeait une peine pour divers délits, et ce, malgré un rapport qui faisait état de ses fantasmes sexuels, dont celui d'enlever un enfant et d'en faire son esclave sexuel.

L'avocate Roxane Hamelin et moi-même avions intenté cette poursuite, après que le ministre de la Justice, à ce moment-là, eut déclaré que cela avait été une erreur de libérer Bastien de prison. Au bout du compte, le règlement à l'amiable proposé par le gouvernement du Québec n'a pas fait l'affaire de Mme Livernoche, ni la mienne. Je me rappelle que, au père de l'adolescent, qui avait aussi intenté une poursuite de 400 000 $ pour les mêmes raisons, le gouvernement n'avait offert, en juillet 2004, qu'une indemnisation de 17 500 $.

Selon Me Hamelin, au Québec, les tribunaux considéraient que les dommages réels étaient importants, mais qu'ils n'obéissaient pas aux mêmes règles en ce qui concernait les dommages exemplaires et punitifs. Les juges étaient plutôt frileux sur les montants à accorder. Si cette cause avait été entendue aux États-Unis, elle aurait valu des millions de dollars. Alors que, dans une cause similaire, en 1996, la Cour suprême du Canada avait établi le barème à 25 000 $.

* * *

J'ai aussi représenté Donald Lacroix, le père de l'ex-PDG de Norbourg et fraudeur Vincent Lacroix, qui avait été accusé puis reconnu coupable, au palais de justice de Sherbrooke, de voies de fait et de méfait quand il avait utilisé un bâton de baseball pour chasser une équipe de Radio-Canada qui tentait de l'interviewer à sa propriété de Magog, le 30 septembre 2005.

Le 5 mai 2006, j'ai pu obtenir du juge Robert Sansfaçon que Donald Lacroix s'en tire avec une absolution inconditionnelle et sans dossier judiciaire, après qu'on eut démontré qu'il avait payé les frais de la caméra de télévision qu'il avait brisée, soit 955,21 $, qu'il avait versé une compensation de 4 000 $ au Centre d'aide aux victimes d'actes criminels (CAVAC) et, surtout, qu'il s'était excusé dans deux lettres, remises à la journaliste et au caméraman de Radio-Canada, lettres qui avaient été lues devant le tribunal.

* * *

Quelques années plus tard, j'ai aussi été impliqué, un temps, dans l'affaire Diane Grégoire, cette mère de famille de cinquante et un ans, disparue mystérieusement des Promenades Saint-Bruno le 31 janvier 2008, alors qu'elle faisait des emplettes pendant que son mari l'attendait prétendument dans son véhicule.

Ce dernier, Paul Laplante, pointé du doigt comme suspect dès le début de cette affaire, m'avait engagé, le

12 février 2008, comme relationniste pour se disculper publiquement et pour éloigner les journalistes qui lui couraient après. J'avais organisé une conférence de presse, dans laquelle il avait donné sa version des faits. Puis, il a mis fin à mon mandat le 28 du même mois.

Ce n'était donc pas moi qui le représentais quand, le 13 décembre 2011, à la suite de la découverte des ossements de Diane Grégoire à Coteau-du-Lac, près de Valleyfield, le 21 novembre 2011, il avait été arrêté et formellement accusé de l'avoir tuée. Laplante n'a jamais subi de procès. Il s'est pendu dans sa cellule du Centre de détention de Rivière-des-Prairies le 9 janvier 2012.

* * *

Enfin, au moment où j'écris ces lignes, en novembre 2014, je suis l'avocat de Stéfanie Trudeau, la policière au matricule 728, désormais célèbre depuis le Printemps érable, qui est accusée de voies de fait simples pour l'arrestation prétendument trop musclée, le 2 octobre 2012, du Montréalais Serge Lavoie. Une affaire qui n'a pas fini de faire couler de l'encre.

Chapitre 22

Me Frank Shoofey

Je ne pouvais terminer ce parcours de carrière sans vous parler de Me Frank Shoofey, le criminaliste vedette qu'on surnommait «l'avocat du peuple». Frank nous a quittés le 15 octobre 1985 quand il a été sauvagement abattu dans son bureau de la rue Cherrier, à Montréal, par deux tueurs à gages. Les policiers connaissent leur identité, mais ne détiennent pas les preuves nécessaires pour les accuser et les faire condamner.

Je dois une fière chandelle à Me Frank Shoofey. C'est lui qui m'a donné le meilleur conseil que j'aie reçu dans toute ma carrière de criminaliste. Quand je l'ai connu, il était à l'apogée de la sienne, alors que j'en étais à mes débuts. Il était tellement attachant et gentil qu'on ne pouvait que l'aimer. Il était d'ailleurs très reconnu.

À l'époque où je représentais la Couronne à Montréal, j'ai plaidé quelques fois contre lui et j'en étais impressionné. Tout comme j'étais impressionné par les ténors du Barreau de l'époque : Mes Raymond Daoust, Nikita Tomesco, Léo-René Maranda et Maurice Hébert. C'étaient des *stars* pour moi.

Quand je me suis installé comme avocat de la défense à Sherbrooke après l'affaire Marion, j'ai commencé à enregistrer des capsules juridiques à la radio avec le journaliste Jean-Luc Mongrain. Puis, il m'a suggéré de faire de la télévision. J'ai alors rencontré les dirigeants de CKSH, le canal 9 à l'époque, et on s'est entendus pour faire une émission appelée *Justice populaire*. C'était une émission d'une heure par semaine, devant public, et on y recevait des invités : un juge, un avocat, un procureur de la Couronne. On discutait d'un thème différent par émission. Ceux qui y assistaient pouvaient poser des questions. C'était en 1979. Les tournages étaient rudimentaires et le problème était évidemment de trouver de nouveaux invités chaque semaine. Une fois, j'ai tenté ma chance et j'ai invité Me Frank Shoofey. Il a accepté tout de suite.

J'étais surpris. Jeune avocat, je commençais alors qu'il était une sommité. Mais, sans plus d'insistance de ma part, il a sauté sur l'occasion. On a enregistré l'émission, puis on est allés boire un café. Je lui ai dit :

— Maître Shoofey, vous m'avez beaucoup impressionné d'être venu dans une petite ville comme Sherbrooke pour faire une émission comme la nôtre, qui n'est diffusée que localement.

Il m'a donné une réponse que jamais je n'oublierai :

— Écoute-moi bien, le jeune : si une station de télévision communautaire située aussi loin que Chibougamau t'invite pour cinq minutes, tu ne te poses pas de question, tu y vas ! C'est comme ça que tu vas gagner ta vie.

J'ai continué de pratiquer à Sherbrooke. J'ai continué à enregistrer *Justice populaire*. J'étais un peu plus connu et les avocats de Montréal, dont Me Shoofey, m'appelaient souvent pour représenter certains de leurs clients parce qu'ils ne voulaient pas plaider devant le juge Benoit Turmel, qui les regardait de haut.

Un jour, alors que j'étais au palais de justice, j'ai aperçu Me Shoofey qui, cette fois, était venu en personne représenter un client. Nous étions maintenant plus familiers, je l'ai tutoyé et invité à dîner. Nous sortions du palais de justice quand j'ai vu un autobus à l'arrière duquel il y avait une grosse pancarte.

À l'époque, les avocats n'avaient pas le droit, comme aujourd'hui, de faire de la publicité. Le poste de télévision ne me payait pas pour mon émission, alors je leur avais demandé d'installer cette pancarte qui clamait : «Ne manquez pas *Justice populaire* avec Me Jean-Pierre Rancourt tous les jeudis» et on y voyait une énorme photo de moi. J'ai désigné l'autobus et dit à Frank :

— Regarde ça !

Il m'a répondu en souriant :

— Je pense que tu as tout compris, Jean-Pierre !

Par la suite, Frank m'a demandé régulièrement de quitter Sherbrooke et de faire partie de son bureau, mais j'aimais trop ma clientèle, qui ne cessait d'augmenter, et la qualité de vie que m'offrait la reine des Cantons-de-l'Est. Lorsqu'il est décédé prématurément, je me suis rendu à ses funérailles. Il m'avait rendu un grand service et je n'allais jamais l'oublier.

Si, aujourd'hui, je défends annuellement des centaines de causes de *first offenders*, c'est parce que les gens me voient à la télévision régulièrement, à TVA, à LCN, à l'émission de Denis Lévesque, à Radio-Canada. Ils m'entendent sur toutes les radios du Québec, dont Radio X, à Gatineau et en Beauce, et sur le 98,5. Tous m'appellent s'ils sont mal pris.

Et, comme me l'avait conseillé si judicieusement Frank, je ne refuse jamais une invitation des médias. Mais, pour ce faire, je me dois d'être toujours à la fine pointe de l'actualité.

Je suis donc quotidiennement toutes les causes judiciaires importantes pour pouvoir les analyser et les commenter adéquatement. Ces analyses et commentaires sont très appréciés du grand public parce que je vulgarise le droit criminel et on m'en félicite. J'évite les détails d'ordre technique réservés aux juristes. J'essaie de faire comprendre les causes avec les mots de tous les jours et je me permets même d'aller aux limites de la critique permise dans certaines affaires. Je ne crains jamais de me mouiller, mais je ne le fais jamais trop.

Épilogue

En repensant à toutes ces causes dont je viens de vous parler, je réalise que j'ai été comblé par le destin, et, si ces mémoires peuvent aider un jeune criminaliste, j'en serais comblé.

J'ai eu le privilège de commencer mon métier à une époque où de grands criminalistes étaient au sommet de leur carrière et m'ont servi de guides : Mes Raymond Daoust, Nikita Tomesco, Fernand Sainte-Marie, Léo-René Maranda, Sydney Leithman et Frank Shoofey, pour ne nommer qu'eux.

Tout jeune, j'ai eu la chance de plaider des causes majeures devant jurés et j'ai appris mon métier en accéléré. Cette rétrospective m'a permis de constater que j'ai été un très bon élève : j'ai retenu les leçons que ces «grands» m'ont inculquées quand je les voyais prononcer leurs plaidoiries ou quand je plaidais contre eux.

J'ai ainsi appliqué plusieurs leçons fondamentales avec succès dans différentes situations. Elles se résument dans la définition même du travail d'un criminaliste. Celui-ci représente un client et se bat pour son avenir. Sa vie est entre les mains de l'avocat, qui doit se mettre à la place de son client et qui doit le défendre comme s'il était lui-même accusé. Le criminaliste est l'extension légale de son client devant le tribunal et, puisque ce dernier a droit à une défense pleine et entière, son avocat doit tout faire légalement et employer toutes les stratégies possibles pour y arriver. En d'autres mots, il doit le défendre jusqu'au bout, sans lâcher au moindre contretemps. Dès qu'un procureur de la Couronne fait une affirmation qui peut lui nuire, il doit se lever, s'objecter et ne pas avoir peur d'insister.

Au tout début de ma carrière, l'éminent plaideur Nikita Tomesco m'avait donné un bon conseil:

— Quand tu contre-interroges un témoin et que tu t'aperçois qu'il faiblit, ne le lâche pas. Et quand tu vois qu'il est dans les câbles et qu'il s'apprête à s'écrouler, piétine-le!

C'était une figure de style un peu osée, mais un constat ô combien réaliste. Une pratique très efficace. Le contre-interrogatoire est un art. C'est l'arme indispensable à tout bon criminaliste.

Je regarde travailler certains jeunes criminalistes aujourd'hui et, très souvent, j'aimerais leur donner ce genre de conseil. Je les vois un peu gênés de pousser un témoin à la limite de ce qu'il a à dire. Je constate qu'ils ne veulent pas offusquer le juge qui préside. Peut-être pensent-ils plus souvent à leur image personnelle et à leur réputation qu'à la seule défense de leur client?

Je le répète, le devoir d'un avocat de la défense n'est pas de croire en l'innocence ou non de son client. Il doit le défendre, au meilleur de sa connaissance, en suivant les règles de la preuve, jusqu'à tester les limites de la loi. Tout citoyen canadien a droit à une défense pleine et entière et est innocent jusqu'à preuve du contraire. C'est le fondement de notre droit. L'avocat de la défense est tenu de trouver tous les stratagèmes possibles pour sauver son client, et cela se comptera souvent en heures de réflexion et, dans les causes majeures, en nuits blanches.

Le sort d'une défense complète se joue très souvent en contre-interrogatoire. Un témoin qui se contredit ou qui ment peut faire basculer toute la preuve en faveur de l'accusé. Ne l'oublions pas, pour que l'accusé soit reconnu coupable d'une infraction criminelle, si minime ou majeure soit-elle, on doit en apporter la preuve hors de tout doute raisonnable. La meilleure stratégie est donc de semer ce doute dans la tête du juge qui préside ou, si c'est le cas, des jurés appelés à juger son client. Durant le contre-interrogatoire d'un témoin, il faut insister et insister encore. L'obliger à se répéter, lui demander de s'expliquer, autant de fois que nécessaire. Et, souvent, le chat sort du sac.

Vous en avez lu un exemple parfait dans le chapitre 6[*] lorsque j'ai relaté le procès de Fernand Laplante, accusé d'un double meurtre. J'ai contre-interrogé inlassablement Jean Charland, le témoin principal, pendant deux longues journées, le martelant sans cesse de ses déclarations contradictoires. Puis, j'ai fait semblant d'avoir terminé en déclarant au juge que je n'avais plus de questions à lui poser. Je me suis assis, puis je me suis relevé aussitôt.

— J'ai une dernière question. Monsieur Charland, n'est-il pas exact de dire que vous êtes un menteur?

Il m'a regardé et a répondu:

— Oui, c'est exact!

J'ai conclu, fier de mon coup, en regardant en direction des jurés:

— J'aurais dû vous poser la question au début!

---

[*]   Chapitre 6 – Une cause que j'ai encore sur le cœur, p. 53.

Et il a acquiescé !

Bien sûr, la Couronne aurait pu s'objecter et le juge, me rabrouer pour la lui avoir posée et en avoir tiré une telle conclusion. Mais j'avais osé le faire. C'est évident, le magistrat aurait pu faire remarquer aux jurés qu'elle était hors propos, qu'ils ne devaient pas en tenir compte, mais ils l'avaient quand même entendue et c'était cela qui comptait dans ma stratégie.

Un autre exemple ? Je me trouvais devant un juge de la Cour supérieure. Celui-ci interrogeait un témoin et ses questions tendaient à encourager la Couronne. Je me suis levé et, étonnant tout le monde, j'ai déclaré sans gêne :

— Monsieur le juge, je m'objecte à votre question !

— Quoi ? a-t-il rétorqué, visiblement offusqué.

— Je m'objecte à votre question ! ai-je insisté.

Le juge a évidemment rejeté mon objection. Mais il n'en a pas posé d'autres. Mon objectif était atteint. C'est cela, aller jusqu'au bout, jusqu'à la limite.

Dans la cause de Denis Thomas, au chapitre 9[*], reconnu coupable puis acquitté de meurtre en l'espace de vingt-quatre heures, j'avais osé demander à chaque juré de se prononcer sur leur prétendu verdict unanime de culpabilité. Ça a fonctionné. Ils ont dû reprendre leurs délibérations et mon client a finalement été acquitté. J'avais senti que ce verdict n'était pas unanime. Mon confrère François Gérin et moi avons osé faire la demande exceptionnelle qu'on appelait alors *polling*[**] du jury.

Il est important de toujours aller au bout de ce qu'on peut faire pour tenter de disculper celui qu'on défend, en respectant évidemment les règles de la procédure ou, du moins, en

---

[*]   Chapitre 9 – Le rêve de tout avocat : plaider à la Cour suprême, p. 99.

[**]   En français : vote individuel du jury.

veillant à ne pas trop s'en écarter. Les jeunes criminalistes ne veulent pas se faire rabrouer par un juge. Ce n'est pourtant pas si terrible que cela. Le magistrat va dire que ce que fait l'avocat n'est pas correct, que sa question n'est pas pertinente. Ce n'est pas grave, elle va avoir été posée et, devant jury, cela peut avoir une influence majeure sur sa décision finale.

Revisiter les causes que je viens de relater me permet de réaliser que j'ai toujours poussé le système jusqu'au bout, jusqu'à la limite. Ce n'est jamais plaisant de se faire rabrouer en plein tribunal, vous risquez de mal paraître. Vous n'avez alors qu'à vous justifier : « Je m'excuse, monsieur le juge, mais, comme vous le savez, je ne fais que mon travail. Si vous voulez m'empêcher de le faire jusqu'au bout, c'est parfait. J'accepte avec humilité votre remontrance », et vous vous rassoyez comme si de rien n'était…

La plupart du temps, le juge vous laissera continuer en vous demandant d'être plus prudent dans vos questions et vos objections. Il le fera par respect pour le système judiciaire, pour votre profession, et aussi pour éviter que vous vous adressiez à un tribunal supérieur pour faire casser ou annuler sa décision.

Je suis fier de dire que, durant ma longue carrière, j'ai appliqué cette règle non écrite à chacune de mes causes. J'ai tenté de le démontrer dans ces mémoires et je n'ai pas l'intention de changer ma façon de faire à l'avenir. Si certains en tirent des leçons positives, j'en serai comblé.

En terminant, je me permets une dernière analogie avec le hockey : pour vaincre dans ma profession, il ne suffit pas de patiner, de faire des passes et de lancer au but, il faut surtout aller travailler dans les coins…

Je pense l'avoir fait plus souvent qu'à mon tour.

Me Jean-Pierre Rancourt,
novembre 2014.

Suivez les Éditions Stanké sur le Web :
www.edstanke.com

Cet ouvrage a été composé en Ehrhardt MT 12,5/15,5
et achevé d'imprimer en février 2015 sur les presses
de Marquis Imprimeur, Québec, Canada.

certifié   procédé sans chlore   100 % post-consommation   archives permanentes   énergie biogaz

Imprimé sur du papier 100 % postconsommation, traité sans chlore,
accrédité Éco-Logo et fait à partir de biogaz.